上市公司监管与治理丛书

本书得到2017年内蒙古高校科学研究项目——政府补助与内蒙古上市公司绩效研究（项目编号：NJSY17153）、2018年内蒙古社科规划项目——内蒙古中小企业政府补助与自主创新绩效研究（项目编号：2018NDB072）等项目的支持。

涉农上市公司的
政府补助与公司绩效

徐利飞◎著

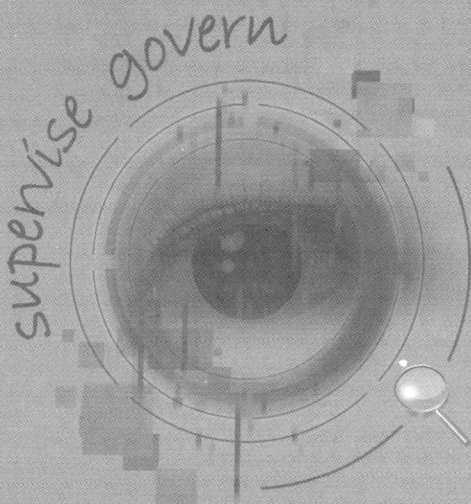

Government Subsidies and Corporate Performance of
Agriculture Related Listed Companies in China

经济管理出版社
ECONOMY & MANAGEMENT PUBLISHING HOUSE

图书在版编目（CIP）数据

涉农上市公司的政府补助与公司绩效 /徐利飞著. —北京：经济管理出版社，2020. 10
ISBN 978-7-5096-6985-3

Ⅰ. ①涉…　Ⅱ. ①徐…　Ⅲ. ①农业企业—上市公司—政府补贴—研究—中国
②农业企业—上市公司—企业绩效—研究—中国　Ⅳ. ①F324

中国版本图书馆 CIP 数据核字（2019）第 301562 号

组稿编辑：王光艳
责任编辑：魏晨红
责任印制：黄章平
责任校对：王纪慧

出版发行：经济管理出版社
　　　　　（北京市海淀区北蜂窝 8 号中雅大厦 A 座 11 层　　100038）
网　　址：www. E-mp. com. cn
电　　话：（010）51915602
印　　刷：唐山昊达印刷有限公司
经　　销：新华书店
开　　本：710mm×1000mm /16
印　　张：10. 75
字　　数：187 千字
版　　次：2020 年 10 月第 1 版　　2020 年 10 月第 1 次印刷
书　　号：ISBN 978-7-5096-6985-3
定　　价：68. 00 元

前　言

政府补助是产业发展的重要政策手段之一，我国政府针对各个行业的政府补助资金支出规模逐年增加，有力地促进了相关产业的发展，但是政府支持政策的效果及影响，一直引起经济学家的争议。由于弱质性和处于基础产业地位，农业长期受到政府的补助扶持，作为农业产业化中重要经营主体的涉农上市公司也随之获得了大量的政府补助资金。政府基于各种动机给予涉农上市公司补助资金，但对于政府补助资金的使用绩效，相关理论研究不够全面，结论也不一致。在此背景下，为了揭示我国涉农上市公司政府补助的绩效，为管理部门完善目前的涉农补助政策提供经验依据，本书从财务绩效和非财务绩效角度对公司绩效进行了分类，从与收益相关的政府补助和与资产相关的政府补助维度对涉农上市公司的政府补助绩效进行了分析。

本书的研究对象是涉农上市公司的政府补助与公司财务绩效和非财务绩效之间的关系，对政府补助的理论基础、农业补助制度、会计核算和相关研究进行了分析和综述，在此基础上，从沪深 A 股上市公司中选择了 187 家涉农上市公司，以涉农上市公司 2007~2016 年的报表数据为样本，通过描述性统计分析揭示了涉农上市公司的政府补助现状，利用均衡面板数据的固定效应模型和随机效应模型，从财务绩效和非财务绩效角度考察了政府补助对涉农上市公司绩效的影响，并进一步提出了提高涉农上市公司政府补助绩效的建议。

本书的主要创新点及结论如下：

第一，从农业经营的全产业链视角选择研究样本，把农业产业链上游的生产资料公司和农业产业链下游的农产品加工公司纳入研究样本，并确定为涉农上市公司，扩展了目前以农、林、牧、渔业等核心农业上市公司为研究样本的研究模式，使农业上市公司的政府补助绩效研究更具有全面性和代表性。

第二，从涉农细分行业、区域、产权与政府补助形式四个视角研究了涉农上市公司的政府补助现状，发现农、林、牧、渔业获得的政府补助显著低于其他涉农行业，东部地区涉农上市公司获得的政府补助均值显著低于中部和西部地区涉农上市公司，涉农上市公司获得的政府补助形式多样，但是，不同产权性质的涉农上市公司获得的政府补助没有显著性差别。

第三，从 CAS16 对政府补助分类的视角发现，与收益相关的政府补助提升了涉农上市公司的短期财务绩效，却降低了涉农上市公司的长期财务绩效；与资产相关的政府补助无论对涉农上市公司的短期财务绩效还是长期财务绩效都不具有促进作用。

第四，从财务绩效的视角发现，涉农上市公司的政府补助资金使用效率较低，对企业的财务绩效没有促进作用，反映出我国涉农上市公司对政府补助资金使用效率低下。

第五，从就业、研发投资、财政收入和社会责任四个角度定义的非财务绩效视角发现，涉农上市公司的政府补助与就业水平显著正相关，涉农上市公司的政府补助具有明显就业促进效应；涉农上市公司的政府补助与公司的研发投入水平显著正相关，涉农上市公司的政府补助对企业的研发投资具有"激励效应"；涉农上市公司的政府补助与公司的财政收入贡献显著负相关，涉农上市公司的政府补助没有增加各级政府的财政收入；涉农上市公司的政府补助与社会责任不具有显著的相关性，政府补助不具有促进涉农上市公司社会责任履行的作用。

目　录

❶
绪 论

1.1 研究背景

近年，我国政府对上市公司的补助支持力度越来越大，已经成为影响我国上市公司业绩的重要因素。根据万得数据库（WIND）统计，2007~2016 年，我国政府已经向上市公司发放各类补助达 19 万次，上市公司获得的政府补助金额超过 9700 亿元人民币，政府补助的形式涉及税收返还、再次贴息、知识产权奖励、各类专项、人才引进资助、科技研发支持、节能减排资助、市场开拓奖励等方面；获得政府补助的上市公司数量在 2007 年的比重是 69%，到 2016 年比例达到 94%，其中 1/3 的上市公司连续 10 年获得了政府补助。但是，在获得大量政府补助资金的同时，我国上市公司经营情况却不容乐观。2016 年 4 月，《经济参考报》报道，A 股 265 家公司僵尸化，负债达 1.6 万亿元，靠政府补贴续命。因此，政府补助作为非经常性收益的一种形式被予以经常化了（刘浩，2002）。

不论是发达国家还是发展中国家，农业都是弱质性行业，其投资回报率低于其他行业，而由于农业经营活动极易受到环境、气候等自然因素的影响，经营风险高于其他行业，因此，针对农业的补助是世界各国政府普遍实施的政策，我国也不例外。

农业是我国国民经济发展的基础，受到政府高度的重视，1982~2018 年，我国已经发布了 20 个关于"三农"问题的"一号文件"。为了发展和保护农业，维护农业在我国国民经济中的基础地位，我国政府采取和实施了各种政府补助政策，如财政拨款、财政贴息、税收返还和无偿划拨非货币性资产等。目前，我国农业上市公司获得的政府补助规模呈现逐年上升趋势，农业上市公司的业绩已经对各级政府的政策扶持产生了巨大的依赖性（汤新华，2003）。与此相对应的是，农业类上市公司普遍绩效较差，不断曝出财务造假丑闻，从早年的银广夏、蓝田股份到近年的万福生科、参仙源等。根据《证监会2016年行政处罚情况综述》，2016年证监会共做出218份行政处罚，有12件涉及财务造假，其中6件是农业公司（康华农业、山东好当家、参仙源、福建金森林、北大荒农业、振隆特产）的财务造假。一方面，国家不断提高对涉农公司的政策扶持和资助；另一方面，涉农公司问题频出，巨大的反差使学者对我国针对农业企业的政府补助政策的有效性产生了怀疑，也使涉农企业的政府补助绩效研究成为一个重要的研究领域。

在国家政策环境和现实背景下，本书主要的研究对象是，我国政府针对涉农上市公司实施的政府补助对公司绩效（包括财务绩效和非财务绩效）的影响，我国政府对涉农上市公司实施资助的政策目标实现程度如何，并在此基础上提出提高涉农上市公司绩效的建议。

1.2　研究意义

随着我国经济转型和结构升级，涉农企业短期经营面临巨大的挑战与机遇，我国政府的补助支持对涉农企业提高竞争能力和市场生存能力具有重要的作用，是政府保证农业基础地位的重要政策工具。政府补助的形式主要有科研补助、税收返还、各种奖励和其他补助，方式大多是货币性资金，政府补助体现了政府管理经济的政策目标。

从企业的角度来看，政府补助可以增加涉农企业的现金流量，有利于缓解涉农企业的资金不足问题，降低涉农企业技术研发的成本和风险，促进涉农企业技术创新，提高产品市场竞争能力。政府补助收入是涉农企业收入的一部分，提高了企业的盈利能力，获取政府补助具有潜在的政府背书效应，建立政治联系，从而获得信贷、声誉等方面的潜在利益。

从政府角度来看，利用政府补助可以促进农业技术进步，建设创新型国家。通过财政资金的杠杆作用，诱导涉农企业加大技术投入；通过扶持涉农公司发展壮大，促进涉农公司增加雇用员工的数量，提高就业率；通过拉长涉农公司经营的产业链，带动农民收入增加，促进涉农公司的发展，增加地区税收等财政收入，促进地区经济发展。

但是，政府补助的作用在现实中已经异化。政府补助成为企业盈余操纵的手段，并且这种操纵降低了政府补助的边际价值（王红建等，2014），上市公司通过建立政治关联来获得政府补助（陈维等，2015；杜勇等，2016），通过寻租活动来影响政府财政资源的分配（陈兴等，2017；江新峰等，2017），国有企业获得了更多的政府补助，而民营企业获得的政府补助相对较少（邵敏等，2011），扰乱了市场的公平秩序，降低了有限财政资源的使用效率（郭剑花等，2011）。高管利用政府补助掩盖企业利润低下的真实情况，为其获得高额薪酬进行辩护（步丹璐等，2014；罗宏等，2014），地方政府为了实现政绩诉求，利用政府补助有倾向性地对企业进行补助支持（罗宏等，2016）。

以上政策目标与企业现实之间的矛盾，使政府补助应发挥的财务绩效和非财务绩效大打折扣，"骗补""等补""靠补"等现象不断被暴露，使政府补助对支持企业创新发展和推动产业政策贯彻的作用受到质疑，也凸显出研究政府补助对企业绩效影响的重要性。对于涉农公司来说，由于我国政府对"三农"的重视，比其他行业的企业更易于得到政府补助，但与此同时，以农业上市公司为代表的农业公司不断出现财务造假等问题，这使对其进行大量补助支持的各级政府部门处于尴尬境地。

因此，本书研究的核心问题是我国涉农上市公司政府补助对公司绩效的影响。目前，政府基于各种动机，给予涉农上市公司大量的政府补助，但是，在涉农上市公司收到和使用政府补助后，政府补助发挥其应有效果了吗？我国涉农上市公司政府补助政策的实施效果如何？如何完善政府补助政策，使其发挥出应有的效果？围绕要解决的核心问题，本书又分为以下四方面进行具体研究：

第一，涉农上市公司政府补助的现状分析。从行业分布、地区分布、产权性质和补助具体形式四个角度，利用描述性统计和差异检验方法，揭示我国涉农上市公司政府补助的整体现状，反映涉农上市公司政府补助的异质性特征，为涉农上市公司政府补助对公司财务绩效和非财务绩效的影响检验建立样本特征的基础。

第二，涉农上市公司政府补助与财务绩效关系分析。把公司财务绩效分为短期财务绩效和长期财务绩效，依据 CAS16 对政府补助分类的两种类型（与收益相关的政府补助和与资产相关的政府补助）利用面板数据进行检验，以验证两类政府补助对涉农上市公司短期财务绩效和长期财务绩效的影响。

第三，涉农上市公司政府补助与非财务绩效关系分析。从促进就业、促进技术投入、促进地方财政收入和促进社会责任履行四方面确定非财务绩效，利用面板数据检验，以验证两类政府补助对企业四方面非财务绩效的影响。

第四，提高我国涉农上市公司绩效的政策建议。根据以上研究结论，从政府和企业角度提出提高我国涉农上市公司绩效的政策建议。

通过对以上问题的研究，使本研究具有重要的理论意义、实践意义和政策意义。

从理论上来看，相关理论对政府补助的动机研究侧重不同，一般而言，经济学家认为，政府补助是抑制市场失灵的工具之一；外部性理论认为，政府提供补助的动机是要促进公共产品的供给；战略性贸易理论认为，政府通过补助提高本国相关产业的国际竞争力；技术创新理论认为，政府利用补助激励企业进行技术创新。但是目前理论研究往往把政府角度的补助动机和企业角度的争取补助动机混在一起，导致研究结论立足点的混乱。本研究站在政府角度考察政府补助的动机，以政府多元目标为基础，梳理政府对涉农企业进行补助的动机。同时，利用外部性理论、战略性贸易理论、技术创新理论、信息不对称理论解释了政府补助与企业财务绩效和非财务绩效的逻辑关系。这些研究，丰富了涉农企业的政府补助动机、政府补助影响因素和企业绩效之间关系的研究文献，对完善政府补助及其效果的研究具有一定的理论促进意义。

从我国现实情况来看，国内关于政府补助的研究数量增长很快，对政府补助的动机、企业经营绩效相关研究提供了较多的经验证据，目前关于政府补助动机的研究集中于政府补助对就业、自主研发、税收贡献、地区经济增长等方面，研究有关社会公共产品等方面的动机较少；关于公司绩效的研究较多集中于公司财务绩效，有关政府补助与企业社会绩效的关系研究较少。本书研究除考察就业等动机与政府补助的关系外，重点关注政府补助对企业提供公共产品的"诱致"效应动机，检验政府补助对企业财务与非财务综合绩效的效果。以上相关研究结论，对理解我国规模巨大的政府补助现状、各级政府对企业进行补助的动机、评价政府补助的政策效果和制定政府补助实施效果的评价机制具有一定的实践意义。

从政府的视角来看，政府补助是财政预算中转移支付的一项支出，其实施效果决定了政府补助动机实现程度和政府责任履行的效果。本书通过政府补助动机、政府补助与企业绩效关系和政府补助实施绩效的评价体制的研究，对各级政府完善当前政府补助政策、提高政府补助使用效率、制定相关政策提供经验和证据，对完善和制定涉农企业的科技创新基金、重大专项基金、中小企业创新创业基金等各种专项基金的绩效评价机制提供经验、证据和思路。

1.3　研究的主要内容

本研究的主要内容如下：

第 1 章，引言。本章主要阐述了本书研究的背景，并从理论意义、实践意义和政策意义三个层面提出，在此基础上，提出本书研究的核心问题：政府给予涉农企业政府补助的动机及政府补助与涉农企业的财务绩效与非财务绩效之间的相关性；提出本书研究的主要内容与研究框架、研究方法以及本书研究的主要观点及创新点。

第 2 章，理论基础和文献综述。本章主要包括三方面的内容：一是对涉农企业、政府补助和公司绩效的概念进行了分析和界定，明确了本书的研究对象和研究角度，限定了本书研究的范围；二是政府补助的理论基础，分别从外部性理论、战略性贸易政策理论、技术创新理论和信息不对称理论角度讨论了政府补助的必要性和实施影响；三是政府补助的相关文献综述，主要从政府补助的动机、获得政府补助的企业特征、政府补助对企业绩效的影响以及农业上市公司政府补助绩效四方面进行了文献的回顾及评述。

第 3 章，涉农公司政府补助的制度背景。本章主要包括三方面的内容：首先，简要梳理了改革开放以来我国农业补助制度的发展历程和现状；其次，分析了我国针对农户和涉农公司政府补助制度的演变；最后，对我国现行的政府补助会计准则与国际会计准则中的政府补助准则、英国会计准则中的政府补助准则进行了国际比较，通过定义、适用范围、确认条件、补助分类、计量金额、会计核算、返还、披露八个方面的比较，明确了我国企业政府补助的会计确认、计量与披露的方式与现状。

第 4 章，涉农上市公司政府补助现状分析。本章主要内容包括：一是涉农上市公司政府补助的行业分布，从农林牧渔业、农副食品加工业、食品制造业、农药化肥、农机业五个方面进行描述性统计，并比较了其差异；二是涉农上市公司政府补助的地区分布，从东部、中部和西部三个地区角度进行了描述性统计，并比较了涉农上市公司政府补助在地区之间的差异；三是涉农上市公司政府补助的产权性质分布，从国有企业和非国有企业两个角度进行了描述性统计，并比较了政府补助的产权性质差异；四是涉农企业获得的政府补助形式，分析了目前涉农公司获得的各种补助形式，并从行业角度采用多案例分析法分析了涉农上市公司获得政府补助的具体形式。

第5章，涉农上市公司政府补助对公司财务绩效的影响研究。本章主要内容包括三部分：一是通过理论分析，从短期财务绩效和长期财务绩效角度建立了政府补助与财务绩效的假设；二是进行了研究设计，确定了被解释变量、解释变量和控制变量；三是实证检验，通过描述性统计和相关性检验报告了样本特征，采用面板数据的回归分析对假设进行检验并得出结论。

第6章，涉农上市公司政府补助对公司非财务绩效的影响研究。本章主要内容包括三部分：一是通过理论分析，从促进就业、促进技术投入、促进财政收入和社会责任履行四方面构建了政府补助与非财务绩效的假设；二是进行了研究设计，分别从促进就业、促进技术投入、促进财政收入和社会责任履行四方面确定了衡量非财务绩效的指标；三是实证检验，进行了描述性统计和相关性检验，对面板数据的回归结果进行分析并得出结论。

第7章，提高涉农上市公司政府补助绩效的建议。本章主要包括两方面内容：一是从企业角度，提出提升财务绩效和非财务绩效的政策建议；二是从政府角度，提出提升财务绩效和非财务绩效的政策建议。

第8章，研究结论与展望。本章主要包括两方面内容：一是对本书的研究结论进行了总结，并指出研究的局限性；二是对本书研究进一步深化研究方向进行了描述和预测。

1.4 研究方法与技术路线

1.4.1 研究方法

本书总体上应用了规范研究与实证研究相结合的方法，具体来说，不同的分析内容采用了不同的分析方法。

（1）文献分析法。

本书采用文献分析法对相关概念进行了界定，并在梳理相关文献研究的基础上，确立了本书研究的理论基础。通过对制度文献的整理，分析了我国改革开放以来的涉农政府补助制度，揭示了我国针对农户和涉农公司的政府补助制度的演变与现状；通过规范比较我国的政府补助准则与国际会计准则、英国会计准则中的异同，揭示了政府补助产生的制度背景。

（2）统计分析法。

为了研究我国涉农上市公司政府补助的现状，本书采用统计分析法从涉农上市公司的行业分布、地区分布和产权特点三个方面进行了政府补助的描述性统计分析，并比较了各分组样本之间的差异性，揭示了样本公司之间的特点。

（3）案例研究法。

对于涉农上市公司政府补助的具体形式分析，本书采用案例研究法，选择不同行业的涉农典型企业，对其政府补助形式进行分析，从个案分析中揭示总体的特点。

（4）多元回归分析法。

在分析我国涉农上市公司的政府补助现状与检验政府补助对涉农上市公司的财务绩效和非财务绩效的影响时，采用了多元回归分析法，应用面板数据固定效应模型和随机效应模型，客观揭示我国涉农上市公司的政府补助特征和政府补助与绩效的关系，并得出研究结论。

（5）归纳分析法。

根据实证研究的结论，应用归纳分析法，从企业角度和政府角度提出完善我国政府补助绩效的政策建议。

1.4.2 研究的技术路线

本书研究紧紧围绕涉农上市公司的政府补助与绩效关系这一核心问题，把绩效分解为财务绩效和非财务绩效，使核心问题的研究得以深化。本书以研究背景为研究逻辑起点，首先，对涉农企业、政府补助和企业绩效等概念进行界定，梳理了政府补助的理论基础、制度背景和会计核算原则，为实证分析构建了理论范畴；其次，从行业分布、地区分布、产权性质和补助形式四方面分析了我国涉农上市公司的政府补助现状及特征，明确我国涉农上市公司获得政府补助具有显著差异，确定了实证分析的现实基础；再次，从财务绩效和非财务绩效两个角度检验了政府补助对涉农上市公司绩效的影响，从而全面揭示了涉农上市公司政府补助的经济后果，并针对研究结论从企业角度和政府角度提出了完善政府补助绩效的政策建议；最后，提出本书研究的结论、局限性和未来研究展望。

本书研究的技术路线如图 1-1 所示。

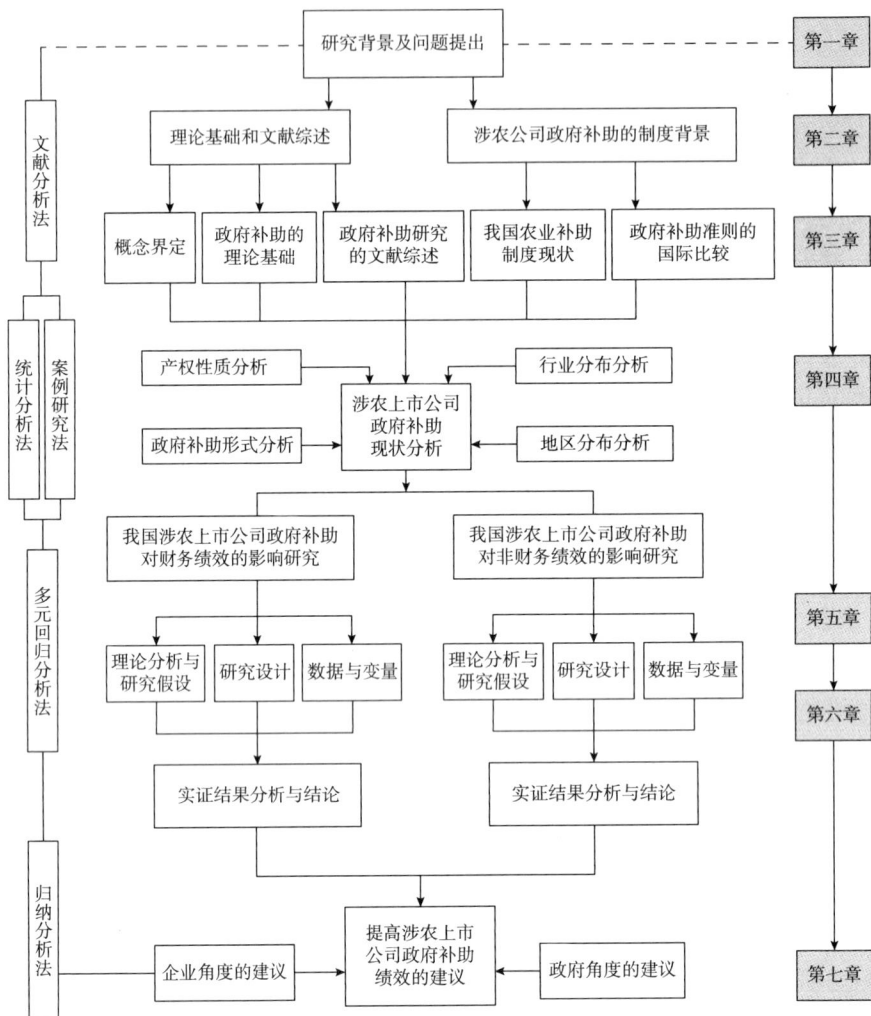

图 1-1　技术路线

1.5 主要创新点

本书以涉农上市公司为研究切入点，对我国目前涉农上市公司政府补助政策的效果进行了系统研究，探索如何使政府补助的作用得以发挥，在这一研究目的下，本书的主要创新点如下：

第一，不同于现有对农业上市公司研究样本仅局限于沪深 A 股的农林牧渔板块的现状，本书从农业经营产业链的角度，把涉农上市公司划分为农药化肥、农机、农林牧渔、农副食品加工、食品制造五个具体细分行业，研究政府补助对涉农上市公司财务绩效和非财务绩效的影响。

第二，从政府补助政策影响的时效角度，本书研究把财务绩效界定为短期财务绩效（用资产收益率衡量）和长期财务绩效（用均值调整后的净资产收益率衡量），揭示了涉农上市公司的政府补助提升了短期财务绩效，但降低了长期财务绩效，得出了涉农上市公司的政府补助政策仅是"输血型政策"的结论。

第三，从非财务绩效（分别用雇员比例、研发支出比例、税收支出比例和捐赠支出衡量）这一新的视角来考察政府补助的经济后果，本书研究发现，尽管政府补助对涉农上市公司的财务绩效总体呈负面影响，但对涉农上市公司在促进就业和促进研发投入两方面的非财务绩效具有正面影响，得出了涉农上市公司政府补助政策在非财务绩效方面具有一定有效性的结论。

第四，依据《企业会计准则第 16 号——政府补助》（CAS16）中对政府补助的分类方式，本书分别从与收益相关的政府补助和与资产相关的政府补助两个角度检验了政府补助对涉农上市公司财务绩效和非财务绩效的影响，研究发现，与收益相关的政府补助提升了短期财务绩效，但并没有提升长期财务绩效，提升了就业和研发投入，降低了税收支出；与资产相关的政府补助降低了短期财务绩效和长期财务绩效，提升了就业和研发投入，降低了税收支出。

❷
理论基础和文献综述

2.1 相关概念的界定

2.1.1 农业企业与涉农企业

农业企业是个通用的概念，一般指主营业务是从事农、林、牧、副、渔业等生产经营活动的企业，其产出的农业产品具有较高的商品化率，自主经营、独立核算，具有法人资格并以盈利为目的。

涉农企业是从农业经营的产业链角度来定义的，主要指，除直接从事农产品的生产、加工、销售、研发和服务的企业外，还包括进行农业生产资料，如农药化肥、种子幼苗、农业机械等的生产、销售、研发和服务的企业，涵盖了农业经营的产、供、销、研全过程。

我国相关政策文件中首次应用"涉农"这一名词是 2003 年的"一号文件"，首次使用"涉农企业"这一名词的是 2007 年的"一号文件"，提出要"引导涉农企业开展技术创新活动"，后来这一名词在 2009 年、2010 年、2012 年、2013 年、2015 年、2016 年、2017 年这 7 年的中央"一号文件"中反复提及。在农业经济管理学科的研究中，比较广泛使用涉农企业的概念（罗丹程等，2017；谢玲红和毛世平，2017）。

本书研究涉农上市公司的概念内涵与历年中央"一号文件"及相关研究应用的涉农公司概念内涵一致。

2.1.2　政府补助与政府补贴

对于补助与补贴这两个名词，在相关文件和研究文献中的应用比较混乱，事实上，政府补助这一名词来源于政府补贴，有时，二者的概念范畴一致，有时，又具有一定的区别。

（1）国民经济统计的角度。

联合国等国际机构于 2011 年发布的《国民账户体系（2008）》（以下简称 SNA2008）中指出，补贴（Subsidies）是指政府单位（包括非常驻政府单位）根据企业生产活动水平状况或企业生产、出售或进口的货物（或服务）的数量或价值向企业做出的经常性单向支付。同时，SNA2008 中也提到，投资补助（investment grant）是指政府向企业提供的用于企业购买固定资产的资金，一般来说，这种补助资金往往是与具体投资项目（如大型建筑项目）联系在一起的。

可以看出，补助与补贴这两个名词在《国民账户体系（2008）》中应用的共同点是资金或资源都是政府主动作出的转移支付，二者的区别在于转移支付的目的，补贴（Subsidies）是基于接受方与生产相关的活动而给予的转移支付，补助（Grant）是与投资相联系的，是基于减少接受方取得固定资产的成本而给予的转移支付。

在《中国国民经济核算体系（2002）》中明确规定，"生产补贴与生产税相反，指政府对生产单位的单方面转移支付，因此视为负生产税，包括政策性亏损补贴、价格补贴等"。可以看出，我国国民经济核算体系中对补贴与补助没有进行明确的规定，主要用于与生产相关的补贴，具有普遍的特性。

（2）财政支出角度。

从政府财政支出角度来看，政府补贴或财政补贴是政府转移支付的一种方式。由于财政补贴总是与商品或服务的相对价格相联系，要么是政府补贴引起商品或服务的价格变化，要么是由于价格变化引发政府补贴，所以从财政学的角度来看，政府补贴又称为价格补贴。《财政学》（陈共，2000）中定义，财政补贴为"一种影响相对价格结构，从而可以改变资源配置结构、供给结构和需求结构的政府无偿支出"。

世界贸易组织的《补贴与反补贴措施协议》对补贴进行了比较宽泛的界定，定义补贴为由某国政府或公共机构提供的财政资助，具体包括以下内容：①政府直接转移资金（如赠予、贷款、投股），政府间接转移资金或债务（如贷款担保）；②税收的减免；③政府向企业提供除一般基础设施以外的商品或服务；④政府通过基金等第三方机构给予企业①至③的资助。

可以看出，从财政角度定义的政府补贴，其内涵较大，并且对接受补贴的对象没有专向性，符合条件的不特定对象都可以获得。所以，从财政的角度来看，政府补贴与政府补助这两个词之间并没有差别，是可以混用的。

（3）企业会计核算角度。

我国《企业会计准则第 16 号——政府补助》（以下简称 CAS16）中将政府补助定义为"企业从政府无偿取得货币性资产或非货币性资产，但不包括政府作为所有者投入的资本"。即政府补助是"国家财政支付的，以企业为接受者的无偿支出"（李扬，1988）。

综合上述不同角度对政府补助与政府补贴的定义，本书认为，政府补助与政府补贴的区别仅在于政府资助的对象。政府补助是政府或政府机关以财政资金支付的，以盈利性企业为接受者的无偿支出；政府补贴是指国家财政支付的，以非企业（事业单位、非盈利组织、居民）组织为接受者的无偿支出。

本研究采用的政府补助定义与 CAS16 对政府补助的定义一致。因此，我国对农户实施的生产支持补贴、价格补贴、生态恢复补偿等不属于本书的研究范围，而对企业实施的科研补助、就业补助、贴息等政府补助，属于本书的研究范围。

2.1.3 财务绩效与非财务绩效

《韦氏大词典》定义绩效（performance）为"宣告、要求、承诺的达成"，《现代企业管理辞典》对绩效下的定义为"为了完成工作而努力的直接后果，也是指通过努力完成工作的数量与质量的情况"（李国杰，1991）。

从企业角度来看，企业绩效可以分为财务绩效（Corporate Finance Performance，CFP）和社会绩效（Corporate Social Performance，CSP）。

财务绩效是企业经营活动产生的绩效，主要以财务指标来评价和衡量。《中央企业总会计师工作职责管理暂行办法》中对财务绩效的定义是，"对企业一定期间的盈利能力、资产质量、债务风险和经营增长四个方面进行定量对比分析和评判"。2016 年发布的《中央企业负责人经营业绩考核办法》中，主要是以经济增加值这一财务指标考核中央企业负责人的财务绩效。本书研究使用的是财务绩效这一概念，即财务绩效是企业通过经营活动产生的、可以直接用货币计量并在财务报表中加以反映的绩效，一般用企业的利润类指标加以揭示。

社会绩效与企业的社会责任相关联，对其内涵的界定有多种观点。Carroll 认为，社会绩效包括社会责任目录、社会问题和社会责任哲学（Carroll，1979）。Wartick 和 Cochran 定义社会绩效为 "社会责任规则、社会反映过程、解决社会问题的政策三者之间的内在联系"（Wartick 和 Cochran，1985）。Wood（1991）在以上研究的基础上，将企业社会绩效定义为 "商业组织确认的社会责任的规则，社会反应的过程、政策、程序和与公司社会关系相联系的可见结果"。我国对企业社会绩效的研究较晚，对社会绩效的界定主要从企业社会责任的角度来定义，陈宏辉和窦智（2008）的定义具有代表性，认为 "企业社会责任是指企业应该为其影响到的他人、社会和环境的所有行为负有责任，由此所产生的包含外部性维度的绩效就是企业社会绩效"（陈宏辉和窦智，2008）。

可以看出，企业社会绩效的重点体现在企业的社会责任，其衡量指标主要以非财务指标为主。因此，本书研究把财务绩效之外、反映企业承担社会责任和义务的绩效定义为非财务绩效，即非财务绩效是指企业在经营活动中产生的、体现企业承担或履行社会责任和义务的效果，如就业、技术进步、公共产品、财政收入等的促进，但是这种绩效较难直接用货币计量，只能用一些非财务的指标衡量，或用财务指标替代衡量。

2.2 政府补助的理论基础

2.2.1 外部性理论与政府补助

外部性的概念最早是由马歇尔的《经济学原理》第9章 "工业组织、分工和机械的影响" 中提出的，外部经济是 "有赖于行业发展导致生产规模扩大的经济"，内部经济是 "有赖于行业内个别企业的资源、组织和经营效率导致生产规模扩大的经济"。也就是说，马歇尔认为，由于企业内部分工带来的效率提高称作内部经济，而由于企业间分工带来的效率提高称作外部经济。虽然马歇尔没有提出内部不经济和外部不经济的概念，但对外部性理论的发展奠定了基础。

经济学对政府补助的研究是从庇古的《福利经济学》开始的，该书中认为"自发建立的'购买者协会'作为一种手段，不足以克服一般商业形式下出现的产业调整的失灵"。因此，尽管政府干预会存在效率低下和腐败问题，但随着政府机构和运行方式的变化，政府能够对产业进行有益的干预。庇古进一步提出社会净边际产品和私人净边际产品的概念，其中，社会净边际产品大于私人净边际产品，就有了社会效益，产生了正的外部经济，反之是负的外部经济。庇古列举了灯塔、交通、污染等例子来说明经济活动中常见的外部性问题。但是，外部性的存在导致了市场失灵，无法实现帕累托最优和社会福利的最大化。庇古提出纠正市场失灵的手段主要是补贴和税收，"在单纯竞争条件下，利用补贴和税赋纠正由投资造成的社会净边际产品和私人净边际产品之间差异的错误，是可能的"，"对以其不寻常性而被需求的物品加以课税，对以其普遍性而被需求的物品予以补贴，可以增加经济福利"。总之，外部性理论认为，通过政府补贴可以纠正市场失灵，带来社会福利的最大化。

2.2.2　战略性贸易政策理论与政府补助

亚当·斯密和大卫·李嘉图是古典国际贸易理论的开创者，他们认为，各国由于资源禀赋、技术水平和需求偏好存在差异，生产同样的商品所付出的绝对成本不同，因此各国应选择绝对成本低的商品进行专业化生产，放弃绝对成本高的商品的生产。由于各国具有不同的比较优势，各国可以放弃自身比较劣势的产品，选择具有比较优势的产品生产，进口具有比较劣势的产品，出口具有比较优势的产品。这样，通过自由贸易会促进各国社会财富的增长。在自由贸易框架下，学者们对于政府补贴是持反对立场的，因为无论是生产性补贴还是出口性补贴，都会导致一国的社会福利恶化，而受益者是可以买到便宜进口商品的外国消费者。

自由贸易理论是建立在完全自由竞争市场经济和规模不变等假设下的，但在现实中，垄断等不完全竞争和规模经济却大量存在，因此20世纪80年代以来，以加拿大两位经济学家布兰德和斯宾塞（James Brander 和 Barbara Spencer）为先导，提出了战略性贸易政策理论，并引发广泛的争论。

布兰德（Brander）定义战略性贸易政策是能够影响或改变厂商间战略关系的贸易政策（Brander，1995），我国学者夏申对战略性贸易政策下了比较全面的定义，"是指一国政府在不完全竞争和规模经济条件下，可以凭借生产补贴、出口补贴或保护国内市场等政策手段，扶持本国战略性工业的成长，增强其在国际市场上的竞争能力，从而谋取规模经济之类的额外收益，并借机劫掠他人的市场份额和工业利润，即在不完全竞争环境下，实施这一贸易政策的国家不但无损于其经济福利，反而有可能提高自身的福利水平"（夏申，1995）。

战略性贸易政策理论的前提是不完全竞争市场结构，布兰德和斯宾塞（Brander 和 Spencer）认为，政府如果可以完全掌握产业结构的建立和发展，并且有能力在企业做出生产决策前就对出口商品提供稳定可靠的补贴，企业接受政府补贴后，根据国际竞争对手的产出决定其产出水平，这样一国生产者扣除补贴后的净利润会提高，本国生产补贴的增加将导致该产品的国际价格下跌、本国利润增加及外国利润降低，本国政府可以通过出口补贴对本国企业的收益进行有效的干预（Brander 和 Spencer，1985）。

以上观点可用图 2-1 说明。假定 Y 是一国在规模收益不变条件下生产的竞争性商品，X 是该国在规模收益递增条件下生产的竞争性商品，生产该竞争性商品初始投入的固定成本为 $\overline{Y}F$，然后以固定的边际成本（图中 $F\overline{X}$ 线的斜率）生产该产品。现假定有两个各方面相似的国家，两国各有一个生产 X 产品的垄断者，并且都遵守古诺竞争模式，也就是当某垄断者改变产量时，另一垄断者的产量保持不变，当卖方处于垄断时，价格高于边际成本。这时，两国的均衡生产点在 A 点，价格线 P*A 的斜率大于边际成本线 $F\overline{X}$ 的斜率，这说明垄断价格大于边际成本，厂商具有垄断利润，两国情况相同，所以没有净贸易利润产生。

某国由于具有规模经济效益，因此实施了一定程度的生产或出口补贴政策，这会刺激某国厂商增加生产，使生产点移至 B 点，使某国厂商有多余的产品产量出口 X 产品。如果某国是一个大国，则 X 产量增加必然使该产品在国际市场上的价格下跌至 P` 的水平，消费增加为 C 点，这时，某国的整体福利水平高于没有补贴时的水平；如果某国是一个小国，在新的生产点 B 点，按原来的国际产品价格 P*对外贸易，某国的整体福利水平会更高。

显然，上述布兰德—斯宾塞模型认为，通过政府补贴有助于企业竞争力提高和一国福利的增加，提高特定行业的国际竞争力。但是，战略性贸易政策在现实中的应用需要一系列条件，这种福利的提高是以其他国家利益损失为代价而实现的，会受到其他国家的报复，引发贸易战，同时，各种补贴也受到世界贸易组织《补贴与反补贴措施协议》的限制，其应用范围具有一定局限性，实际效果也存在不足。

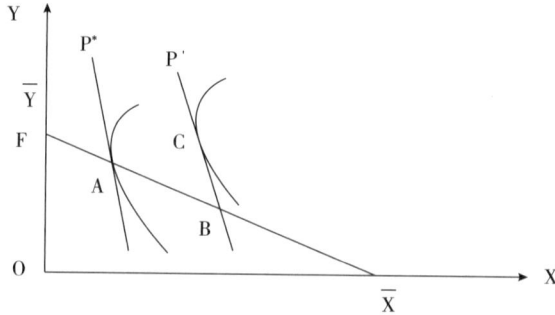

图 2-1　规模收益递增条件下的补贴效应

Baldwin 和 Knugman 通过分析欧洲各国采用补贴政策支持公平发展的政策，发现各国的补贴政策使空中客车公司在市场上能够生存，并占有相当的市场份额，但这种补贴政策的效果一般，虽然使美国福利受到损害，但欧洲各国也并没有从中获利，消费者剩余虽然增加了，但不足以弥补各国政府支付的补贴成本，在这一过程中，获利最大的是美国、欧洲以外的消费者（Baldwin 和 Knugman，2009）。

Anania、Bohman 和 Carter 以美国对小麦进行出口补贴的战略性贸易政策为研究对象，发现补贴政策没有给美国带来好处和福利的改善（Anania、Bohman 和 Carter，1992）。

我国有关战略性贸易政策理论的实证研究刚刚起步，主要集中于汽车、煤炭等行业的补贴效果研究上（胡昭玲，2000；黄先海等，2005；孙晓琴等，2007），这些研究表明，对相关行业实施适度的出口退税、R&D 补贴等政策确实会起到提高国民福利的作用，但也存在低于最优水平的问题。

总之，战略性贸易政策理论对政府补贴或补助持支持态度，但实证研究对其实施效果还存在质疑，现实中很容易引发贸易大战。

2.2.3　技术创新理论与政府补助

技术创新理论认为，技术创新是经济增长的重要动力。20 世纪 40 年代，英国经济学家哈罗德（Harrod R.）和美国经济学家多马（Domar E.）提出经济增长的主要源泉和动力是资本积累和劳动力，同时，也认为经济周期具有不稳定性，需要永久性的政府干预，但是哈罗德—多马模型"唯资本积累论"，忽视了技术进步的作用。20世纪50年代，索罗和斯旺各自提出了经济增长模式，即索罗—斯旺模型，提出经济增长不仅取决于资本和劳动力投入，还取决于技术变化的因素，技术进步使经济摆脱了递减的收益约束，使经济产生长期的增长。对于以上结论，索罗还根据美国1909~1949年的统计数据，发现这一阶段美国经济增长主要归因于技术变化，验证了其观点（谭崇台，2008）。

技术创新理论是由熊彼特（Joseph A. Schumpeter）首次在《经济发展理论》中系统性提出，创新是一种新的生产函数的建立。熊彼特认为，技术创新是经济增长的源泉和动力，垄断企业具有较强的创新投入能力的动机，因为垄断企业具有内部融资优势，能够降低技术创新的风险，占有创新带来的超额收益，同时，市场机制和企业规模也会影响技术创新（吴晓园等，2010）。

但是，熊彼特还没有提出在技术创新中政府所起到的作用。罗默（Romer）认为技术的特征有两个：其一，非竞争性，一个厂商或个人使用某技术并不能阻止其他人也使用该技术，技术的复制成本很低，甚至为零；其二，部分排他性，技术创新者可以从中获利。通过竞争性均衡分析罗默认为，经济增长的主要原因是知识的外部性引起的规模收益递增，同时，政府可以采用的政策是对知识积累活动进行补贴，使新知识的收益增加，促进经济增长（罗默，1990）。

Guellec认为，政府公共资金的使用效果由于使用的政策工具不同而不一致，主要有三种政策工具：第一是公共研究，由公共实验室或大学执行，政府提供资金，主要目标是满足公共需求和提供基础科学知识；第二是政府提供补助资金支持企业进行研发，目标是支持特定的技术项目，这些项目具有较高社会收益或有助于政府自身目标的实现；第三种是间接手段，如税收优惠、允许研发费用税前抵扣、允许加速折旧。在这三种政策工具中第一种可归为间接支持，第二种和第三种可归为直接支持。间接支持手段的效应有"溢出效应"和"挤出效应"，直接支持手段的效应有"激励效应""替代效应"和"挤出效应"（Guellec，2000）。

D'Aspremont和Jacquemin通过合作研发和非合作研发模式发现，合作性研发比非合作性研发有更多的利润，存在技术溢出效应，类似政府补助等公共政策有助于达到合作性研发的目的（D'Aspremont和Jacquemin，1988）。Gonzálezt和Pazó发现，如果没有政府研发补助的支持，小型的、低技术领域的企业不会有研发性活动（Gonzálezt和Pazó，2008）。Czarnitzki和Toole认为，政府研发补助可以减少由于市场不完善带来的知识和资本限制造成的市场失灵，通过德国制造企业的分析，发现政府研发补助通过降低研发的不确定性增加了私人企业的研发投资（Czarnitzki 和 Toole，2007）。也就是说，政府补助对技术创新具有"溢出效应"。

同时，也有相关理论认为政府补助也存在一定的局限性，存在一定的"挤出效应"。Wallsten 以美国"小企业创新研究计划（SBIR）"为研究对象，认为政府补助对企业研发活动没有影响，挤出了企业的研发支出，对企业就业没有影响，原因是补助不允许企业增加其他的研发活动，相反要求企业继续进行现有的研发活动（Wallsten，2000）。Link 和 Scottmg 同样以美国"小企业创新研究计划（SBIR）"为研究对象，认为政府补助支持的项目商业化率并不高，主要原因是除非政府补助资金到位，私人资金不会直接投入项目中（Link 和 Scott，2009）。

2.2.4　信息不对称理论与政府补助

2.2.4.1　信息不对称理论

古典经济学理论建立的假设前提之一是参与交易的双方具有完全、对称的信息。但在现实中，这一假设往往是不成立的，交易双方对交易相关的信息掌握往往存在不充分和不对称的情况。信息不对称（Asymmetric Information）指信息在相互对应的经济个体之间呈现分布不均匀或不对称的状态，即在交易双方中，一方对交易事项掌握的信息比另外一方掌握得更多一些。

美国经济学家肯尼思·J. 阿罗在20世纪60年代率先对充分信息假设提出了质疑，该观点认为，在市场交易中任何交易决策都存在不确定性，而不完全信息是造成经济行为不确定性的原因之一。1970年，美国加利福尼亚州大学伯克利分校的乔治·阿克洛夫（George A. Akerlof）发表了经典文章《柠檬市场：质量的不确定性和市场机制》，以二手车市场为例，认为市场上买方和卖方对交易对象的信息掌握程度是不一致的，卖方比买方拥有更多的信息，因此卖方拿到市场交易的都是次品，次品驱逐了良品，而买方发现自己在交易中总处于不利地位，不管什么质量等级的商品，会刻意压低购买价格，最终导致交易无法达成，市场崩溃。这种信息不对称现象在保险市场、就业市场、信贷市场存在，减少信息不对称的影响需要制度性安排，如担保、品牌等（Akerlof，1970）。

同期，很多学者进行了深入研究，斯宾塞在其博士论文《劳动市场的信号》中发现，在劳动力市场上存在雇主和应聘者之间信息不对称现象，应聘者为了获得好工作，往往对其形象、学历、能力等进行各种包装，使用人单位对应聘者的能力难以辨别，但是如果应聘者学历的"获得成本"越高，即比较难获得学历，则其可信度就越高。事实上，毕业于名牌大学实际向雇主传递了一个应聘者能力可信的"信号"。斯蒂格利茨主要分析的是保险市场上的信息不对称，发现投保人在购买车险后，对汽车不进行任何保养，导致保险公司损失惨重，针对这种情况，斯蒂格利茨提出一种解决机制：让投保人在高自赔率加低保费和低自赔率加高保费中做出选择。

信息不对称出现的原因有主观和客观两方面原因。主观原因是不同的主体由于能力不同而获得的信息不同，这种能力包括信息的收集能力、信息的加工能力、信息的解读能力和信息的应用能力。客观原因很多：①社会分工与专业化的原因。由于社会分工和专业化程度的提高，每个人只能掌握自己专业领域的信息，这样专业人员和非专业人员之间的信息差别不断加大。②信息披露制度的原因。相关信息在披露制度方面存在缺点，信息的披露内容和时机存在选择、操纵和造假等情况。总之，由于主客观原因的存在，导致信息不对称的情况是客观存在的。

依据交易双方信息不对称发生时间不同，信息不对称可分为两类：一类是在交易契约签订之前发生的信息不对称，称为事前信息不对称；另一类是在交易契约签订之后发生的信息不对称，称为事后信息不对称。

事前信息不对称是一方主体具有信息优势，掌握了针对交易对象更多的信息，但是在契约签订之前，故意隐藏了有关交易的信息或知识，从而损害了另一方的利益，或合同当事一方不了解对方的资信、谈判能力、偏好等信息，这种事前信息不对称造成的后果称为"逆向选择"（Adverse Selection）。逆向选择导致资源配置不合理，价格机制扭曲，最终导致市场的低效率。

事后信息不对称是契约签订后，一方主体无法观察另一方采取的相应行动、一方故意隐藏其行动或双方目标函数不一致，导致一方具有信息优势并利用这种优势损害另一方利益，这种事后信息不对称造成的后果称为"道德风险"（Moral Hazard）。道德风险导致市场机制失灵，市场效率低下。

逆向选择和道德风险的规避，主要是从制度上进行合理设计。逆向选择主要是由隐藏信息引发的，所以规避机制主要是从诱致主体进行信息披露来设计，主要有市场信号、第二价格拍卖、最优所得税制等。道德风险主要是隐藏行动引发的，所以规避机制从降低目标差异性来设计，主要有经营者持股、股票期权和效率工资等。

市场信号机制是解决信息不对称的最重要机制，适用于各种情况。斯宾塞1973年对信号理论进行开创性研究，该理论以劳动力市场为例，雇主一开始不了解求职者的真实情况，设定了一个可能的有关求职者能力的条件，用学历水平来区分不同的求职者，并针对不同学历水平提供不同的工资。由于教育是有信号成本的，求职者会根据工资表和教育成本，选择对其最有利的受教育水平，进行求职。雇主在雇用之后，通过观察和比较劳动者实际能力和之前的预期能力，决定在下一轮招聘中是否更新、如何更新工资表。如此形成了一个循环，最终当雇员实际生产力符合预期时，市场达到了均衡状态（Spence，1973）。因此，通过信号传递，可以减少市场中信息不对称状况，提高市场效率。信号理论在相关研究中应用比较多，如 Ross 认为，投资者把较高的负债率看作是企业高质量的信号，企业经营状况越好，负债率就越高，资本结构成为传递内部信息的机制，对企业的市场价值产生影响（Ross，1977）。Leland 和 Pyle 认为，没有信息传递机制，市场的运行是低效率的。如果企业家自愿投资项目，便认为这是向借贷市场传递了项目，是真正具有高质量的信号，借款人就会据此信号对项目确定其投资价值（Leland & Pyle，1977）。Bhattacharya 借鉴 Spence 在 1977 年建立的信号模型，创建了第一个股利信号模型，他认为投资者对公司当前和未来状态信息了解不全面，是典型的信息不对称主体，但投资者可以通过股利政策的信号作用来了解公司未来有关利润的信息（Bhattacharya，1979）。

第二价格拍卖，又称维克里投标法，是 Vickrey 提出的一种拍卖方法，当一种物品或资源是以密封投票方式决定所有权时，出价最高者获得拍卖物，但只需支付出价第二高的价格，这种机制会诱使投标参与者投出愿意支付的真实价格，原因是如果一个投标者的出价高于自己真正的价格，他就得冒其他人也同样出价的风险，这样最终的结果是投标者可能以高额的代价买下标的物；反之，如果投标者的出价低于自己真正的价格，他就得冒其他人也以同样方式出价的风险，结果是可能得不到标的物，因此，在这种方法下，按真实的出价是一种最优策略，最终可以实现帕累托最优（Vickrey，1961）。

信息不对称理论可以应用于最优所得税制的确定。Mirrlees 认为，政府对个人以能力为基础进行征税，但政府通常对个人能力的相关信息并不完全了解，政府并不具有信息优势，因此政府只能根据每个人收入高低征税，但如果对高收入人群征收高额的所得税，有能力的人就会假装能力很低，从而使自己得到更多好处，因此政府在信息不对称的情况下，需要设计一种激励相容的最优税收体制（Mirrlees，1971）。

信息不对称理论可以应用于解决股东和经理人之间的委托代理问题的协调机制设计上。在现代企业中，由于所有权和经营权二权分离，所有者不参与企业日常经营管理，所以经营者具有信息优势。由于所有者和经营者的目标函数不一致，经常会出现经营者损害所有者利益的情况，通过经营者持股和股票期权，使经营者也成为股东的一部分，从而在一定程度上抑制经营者自由主义行为。

信息不对称理论还可应用于解释效率工资，其观点主要是，在劳动力市场上，由于企业不了解雇员的信息，雇员也不了解企业的信息，因此会产生较高的监督成本和信息获取成本，通过支付给劳动力超过市场平均水平的工资，不仅可减少监督成本，还可以培养员工忠诚度，吸引水平更高的员工。以上理论可由表2-1概括。

表 2-1　信息不对称理论

类型	产生原因	理论	规避措施
事前信息不对称	隐藏信息或知识	逆向选择理论	市场信号机制、第二价格拍卖、最佳所得税理论等
事后信息不对称	隐藏行动	道德风险理论	经营者持股、股票期权、效率工资等

2.2.4.2　政府补助的信息不对称分析

政府对企业进行补助，其目标是诱使企业按其期望行事，实现政府目标，比如就业、科技进步、社会稳定等。政府补助对于企业来说，可以增加其可动用的现金流，降低其经营成本和风险，提高其竞争力，所以企业会积极争取政府补助。

但是，在政府补助的供与求中，委托方（政府）和代理方（企业）存在着信息不对称。政府补助要实现其预期目标，就需要获得政府补助的企业具备实现目标的能力，但是有关企业能力的信息，如企业的财务状况、科研能力、发展能力等，由于政府处于企业外部，因此无法完全掌握，所以，就企业能力来说，企业具有信息优势，因此处于信息劣势。

现借鉴辛琳（2001）的分析思路，分析政府补助中存在的信息不对称现象。设在争取政府补助的企业中，符合政府条件、能力强的企业和不符合政府条件、能力弱的企业各占 50%，分别用 SH、DH 表示能力强企业的市场供给和需求，SL、DL 表示能力弱企业的市场供给和需求，如图 2-2 所示。

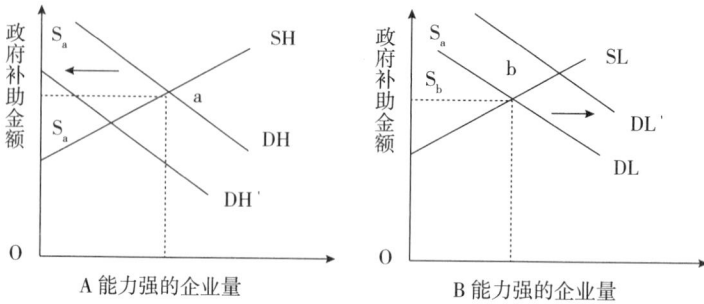

图 2-2　政府补助中的信息不对称

在信息对称时，政府补助市场分别在 a 点和 b 点实现均衡，这时，能力强的企业和能力弱的企业都得到了相应的政府补助，但能力强的企业得到的政府补助金额较多，即企业数量 $Q_a = Q_b$，政府补助金额 $S_a > S_b$。

但是，由于存在信息不对称，政府认为仅有 50% 的可能性找到能力强的企业，从而降低了政府补助金额，而部分能力强的企业由于政府补助金额减少，补助的边际利益降低，从而退出政府补助的争取，导致 DH 线左移；同时，能力弱的企业看到有利可图，更多的企业进入政府补助的行列，导致 DL 线右移，结果政府发现获得政府补助的企业能力越来越弱，直接影响了政府补助资金的使用效率和政府目标的实现，政府越发不愿增加政府补助资金，最终，出现了"能力弱的企业驱逐了能力强的企业"，政府补助市场也将崩溃。

为了发挥政府补助政策的作用，就要消除政府补助中存在的信息不对称状况，可以从以下几方面入手：

（1）政府强制要求企业在进行政府补助申请时披露相关资料，如经审计的财务报告、纳税证明、研究现状与能力、历史研究成果、项目可行性分析等。

（2）组织外部专家评审，提高信息的判断能力。

（3）政府公开发布项目指南，引导符合条件的企业进行申请。

（4）根据企业获得的相应资格（如上市公司资格，质量、安全与环保认证，获奖等）优先安排政府补助。

（5）加强政府补助金使用的审计、验收和绩效评价，防止道德风险。

2.3　政府补助研究的文献综述

政府补助在经济学的研究中，一直处于比较重要的地位（庇古，1920；布兰德和斯宾塞，1985；罗默，1990），因为政府补助政策是政府干预市场的重要政策工具。这些研究从宏观经济角度，把政府补助作为一种政府干预经济的手段，侧重于研究政府补助对经济产出和社会福利的影响，政府补助对微观企业的影响是近年才逐渐受到重视的。

我国作为转型经济体，长期以来政府对经济进行了较强的干预，其中，政府补助的运用是从1953年的絮棉补贴开始的。我国学者对政府补助与企业关系的相关研究起步较晚，陈晓和李静（2001）是国内引用率较高的、有代表性的有关政府补助的经验研究文献，随后，对政府补助的相关研究文献逐年增加。根据研究的内容和逻辑可以分为政府补助的动机研究、政府补助的特征研究和政府补助的绩效研究三大类，下面从以上三个方面对政府补助的研究文献进行综述，以期更全面地了解国内外理论界对政府补助的研究现状，并对本书的后续研究奠定文献的研究基础。

2.3.1　政府补助的动机

动机是发动和指定行为方向的因素（吴增芥，1986），政府补助的动机需要从政府和企业两个角度来理解。从政府的角度，是指政府对企业发放补助的因素，这些因素是多元的，最终目的是政府要实现其政治、经济、社会的多重目标；从企业角度，是指企业争取政府补助的因素，由于企业经营活动的复杂性，决定这些因素也是多元的，最终目的是企业利益的最大化。这两个角度的动机并不是孤立的，作为社会事务管理者的政府对企业在财政上的扶持，其非经济目标内化于企业生产经营活动中（曹向，2015），因此，政府和企业在政府补助的动机上往往是重合的。

目前，国内外有关政府补助动机的相关研究比较多，本部分从政府和企业两个角度来分别进行综述：一是政府支付政府补助的动机，主要有促进就业、促进研发与技术进步、支持行业与产业发展、提供公共产品、提升政绩五方面;二是企业争取政府补助的动机,主要有融资、扭亏、保牌、盈余管理、高管薪酬等。

2.3.1.1 促进就业

政府提供财政补贴的主要目的之一是增加地方就业(王凤翔等,2006),但是关于政府补助与就业之间的关系,国内外学者的相关研究有以下两类观点。

一类研究观点认为,政府补助会促进就业。Carlsson 发现,1970~1978 年,瑞典采掘和制造业的产业政府补助从 4.9% 增加到 16%,这些政府补助主要是用于困难企业的工资补助,通过宏观经济模型的模拟发现,选择性工资补助从短期来说提高了就业率(Carlsson,1982)。Wren 和 Waterson 采用了英国政府支付给英国东北地区企业的产业金融补助数据,经过分析发现,当时的英国地方政府对能够创造较多就业机会的企业进行较多的扶持,以解决存在的严重失业问题(Wren 和 Waterson,1991)。ECKAUS 应用固定效应回归分析法,以中国各省 1995 年、1996 年、1998 年、1999 年四年的政府补助与出口统计数据为样本进行了分析认为,中国各级政府对亏损国有企业(loss making SOEs)进行了大量的政府补助和银行信贷支持,这种支持避免了工厂倒闭和出现破坏性的失业,并且认为这是一种比通过财政系统提供就业保险更方便的方式(Eckaus,2006)。Jenkins 等介绍了美国联邦政府和地方政府自从 20 世纪 70 年代以来实施了一系列高科技发展计划,发现政府补助和信贷政策有助于提高高科技行业的就业率(Jenkins 等,2006)。Bernini 和 Pellegrini(2011)以意大利政府于 1992 年颁布的促进企业投资的"448 法案"为研究对象,利用双重差分法对意大利南部地区 1996~2004 年获得政府补助的企业数据进行分析,研究结果表明,政府倾向对能带来更多就业的企业进行补助,并且获得补助的企业比没有获得补助的企业增加的雇员人数更多,原因是在"448 法案"的程序中,雇员多的企业会获得更高的评分从而更容易获得政府补助(Bernini 和 Pellegrini,2011)。

我国各级政府对就业非常重视,因为这关系到社会稳定,从 2003 年起在《政府预算收支科目》中增设"就业补助"科目,因此,国内政府补助动机研究较多关注就业动机。王凤翔等认为,政府对企业提供补贴具有倾向性,其中包括对吸收下岗、失业人员,创造大量对就业有帮助的企业,在有效使用补贴资金条件下,补贴会促进经济发展,带动企业增加或维持就业机会(王凤翔和陈柳钦，2006）。唐清泉等以 2002~2004 年的上市公司为样本，利用回归分析法发现，政府确实为了实现地方的社会目标而倾向于对上市公司进行政府补贴，其中就业是考虑的最主要因素（唐清泉和罗党论，2007）。臧志彭以 2011~2013 年 161 家文化产业上市公司为样本，采用面板数据调节效应模型分析认为，政府补助对文化产业的就业具有直接和间接的促进效应，对国有文化企业的促进效应低于民营企业（臧志彭，2014）。黄翔等以 2007~2015 年 A 股上市公司为研究样本，通过面板数据的回归分析认为，扩大就业来促进经济增长是政府补助的主要动机之一（黄翔和黄鹏翔，2017）。

但是，另外一类研究认为，政府补助对就业的影响是负面的，利用政府补助来促进就业的动机并不能够得到实现，政府补助对就业存在挤出效应。Hamilton 对 20 世纪 70 年代处于衰退期间的瑞典经济进行研究，特别是以造船行业为例，发现瑞典政府的产业政策转向维持较高的就业率而放慢了应对世界生产结构的变化，尤其是造船行业，由于国内成本上升和外国竞争加剧而受到严重打击，但同时，造船行业收到超过平均水平的政府补助，甚至比其用工成本还高，所以认为这种补助政策阻碍了盈利行业的扩张，限制了对本应失业的工人的雇用，而补助资金也并没有直接提高雇员的收入，相当一部分补助资金被用于为了获得补助的游说行为（Hamilton，1983）。Harris 以北爱尔兰地区制造业为样本，采用固定替代弹性生产函数（CES）衡量补助对就业的相对影响，结果显示补助对就业创造存在显著的负面效应（Harris，1991）。

相关研究表明，政府补助作为一种政策工具，发挥着促进就业的作用，各国政府也正是基于此动机，积极地对企业进行各种形式的补助，并且补助规模和范围不断扩大。但是，国外的相关研究也表明，不恰当的补助政策也会对就业产生不利影响，但我国目前鲜见相关的研究。

2.3.1.2 促进研发与技术进步

国外相关研究表明，研究活动和研究成果具有外部性和公共产品的特征（Schumpeter，1961；Arrow，1962），研究活动具有高风险、高成本和低成功率的特点，而研究成果极易被模仿或知识产权保护力度不够，知识的外溢效应就会导致私人收益低于社会收益，从而使企业的研发活动积极性不足。而 Romer 认为，财政补贴是弥补市场失灵的有效手段（Romer，1990），因此，在市场机制不完善的条件下，利用政府补助等政策可以提高进行技术研发的企业收益，降低其研发成本和投资风险。Klette 等认为，所有"经济合作组织"国家在各种计划上花费了大量公共资金以刺激私人企业的创新活动（Klette 等，1999）。González X 等以西班牙 1990~1999 年制造业合计 2214 家公司的数据为研究样本，采用了匹配估计法对获得政府研发补助的企业和没有获得政府研发补助的企业进行了对比分析，研究结论认为，西班牙政府对制造业企业实施研发补助的动机是要刺激企业加大研发投资，但结果表明，企业没有用私人研发投资来替代政府公共研发资金，如果没有政府补助资金，企业也不会进行研发性活动（González X 和 Pazó C，2008）。Levin 等构建了研发溢出模型（R&D Spillover Model），利用 1963 年、1967 年和 1972 年 20 个行业的数据进行了检验，认为其研究结果支持了熊彼特关于"研发投资与市场结构是共同竞争过程决定的结果"的论断（Levin 和 Reiss，2009），这一观点肯定了政府补助是促进经济发展的必要手段。

但是，政府补助对企业研发活动和技术进步的作用，目前研究存在不一致的观点。国外的研究认为存在两种效应：溢出效应（Spillover effect）和挤出效应（Crowding-out effect）。

政府补助对技术研发的溢出效应主要体现在政府补助降低了企业进行技术研发的外部性，诱导企业投入更多的私人资本用于技术研发。Jaffe 认为，如果没有政府补助来激励私人资本投资于技术研发项目，单靠私人资本投资技术研发项目是没有利润可得的，私人资本没有动力进行技术研发活动（Jaffe，2002）。Lach 采用双重差分法（DID）对以色列工业和贸易部对本国制造业企业进行研发补助政策进行研究发现，政府补助没有挤出企业对研发资金的支出（Lach，2000）。Almus 等从德国东部地区 2500 家企业建立的"曼海姆创新面板数据库"（MIP）中获取 1995 年、1997 年和 1999 年三年的数据，应用非参数匹配分析法发现，收到政府补助的企业比没有收到政府补助的企业有更高的研发投资强度，即具有溢出效应（Almus 和 Czarnitzki，2003）。Aerts 等以比利时弗兰德斯地区的 776 家制造企业和计算机服务业企业的研发数据为样本，采用非参数最近邻匹配法进行分析发现，已经获得政府研发补助资金的企业在没有收到政府补助之前，其在研发上的投资很少，这个结论表明，比利时弗兰德斯地区的企业不存在挤出效应（Aerts 和 Czarnitzki，2004）。Clausen 以 1999~2001 年的挪威社区创新调查数据为样本研究，回归分析结果表明，政府补助对企业研发活动具有正向的促进作用，这种作用体现在增加了企业的研发支出，另外，政府补助也对企业完成研发的成果数量和未来的研发积极性具有正向的作用（Clausen，2009）。Czarnitzki 等以 1084 家德国服务行业企业为样本，采用非参数匹配分析法，研究表明，政府补助资金和私人资金之间存在挤出效应的假说应被拒绝，能否得到政府的补助取决于公司规模、研发活动持续性、高技术工人比例、公司位置，参与创新扶持计划企业获得的政府补助显著高于没有参加的企业，因此，文章的研究结论是，德国在20世纪90年代对服务业的创新补助政策促进了额外的私人投资增加（Czarnitzki 和 Fier，2002）。

我国部分相关研究也对政府补助用于促进技术进步的动机持支持态度。范方志等认为，技术创新需要大量的投入，企业在得不到充分补偿下，会选择等待接受外来的技术外溢，不愿意进行自主技术创新，但是当所有企业都选择这种最优等待策略时，技术创新就会停滞，导致技术创新的"囚徒困境"，这时政府就有了干预的必要（范方志和张耿庆，2004）。刘楠等通过构建政府补助模型认为，政府提供最优的事后补贴可把项目的外部效应内部化，政府通过补贴可以发挥激励效应（刘楠和杜跃平，2005）。柳剑平等认为，由于技术溢出效应和模仿，研发活动的私人收益低于社会收益，导致市场机制下研发支出不足，不利于技术创新，既然市场机制无法提供研发支出的最优水平，就需要政府采取税收和补贴等间接措施引导企业提供最优研发支出，并且通过构建三阶段博弈模型，证明了在技术溢出较高时，政府应补贴企业的研发投入（柳剑平等，2005）。姜宁和黄万以我国高技术上市公司2003~2008年数据为样本进行实证分析发现，政府补贴对企业技术创新具有激励作用，但具有一定滞后性，并且存在较大的行业差异性，进一步分析认为，技术创新的外部性挫伤了企业进行技术创新的积极性，政府应采取相应的激励措施（姜宁和黄万，2010）。陈道喜以美国、日本等国对技术创新投入为例提出，从政治上来看，科技创新的政府干预是各国激烈竞争的需要（陈道喜，2016）。

但是，还有相关研究对政府补助对技术创新的积极效果持反对意见，相关研究表明，政府补助还可能会产生负面影响，随着企业获得政府补助的增加，企业会减少其自身对研发的投资，即挤出效应。Irwin 等以所有美国半导体行业的会计数据为样本检验发现，政府补助没有起到诱使企业支出更多研发费用的作用，反而使半导体行业的企业每年减少了3亿美元的研发支出（Irwin 和 Klenow，1996）。Hujer 等以德国西部和东部地区的企业为样本，发现政府公共研发补助对私人资本的研发支出具有挤出效应（Hujer 和 Radic，2005）。

我国的相关研究也发现存在同样的挤出效应。高宏伟采用博弈论的方法发现，国有大型企业利用其信息优势夸大其能力以获得更多的研发补贴，但过多的补贴降低了国有大型企业研发资金的总投入，并且补贴对不同类型国有企业的挤出效应不同（高宏伟，2011）。肖美凤等以 2007~2009 年 A 股上市公司为样本，采用多元回归分析法发现，我国政府补助对企业研发支出的激励效应和挤出效应呈倒"U"型分布，随着补贴力度加大，政府补助对企业研发支出的挤出效应不断加大（肖美凤等，2012）。李经路等也认为，政府补助强度与研发支出之间存在倒"U"型关系，政府给予企业的补助支持不宜过多，否则会对企业的研发支出有挤出效应（李经路和宋玉禄，2018）。李万福等认为，目前对于研发补助的研究存在一定的缺陷，没有区分总体补助与研发补助，从而使研究结论有一定的偏差，并以 2007~2014 年 A 股上市公司为样本，区分了企业获得的研发补助和非研发补助，采用回归分析法研究表明，政府的创新补助从总体上而言，并没有对企业自主创新具有激励效应，企业所处行业、内部控制及外部环境也会对政府补助的激励效应产生影响（李万福等，2017）。

综合以上文献可以发现，由于企业研发具有外部性效应，通过政府补助支持促进技术进步是政府抑制市场失灵的重要手段，相关研究已经肯定了这一动机存在的合理性。但是，政府补助对企业研发投资的效应存在溢出效应和挤出效应的争论，现有的国内外文献大多支持政府补助存在溢出效应或拒绝挤出效应，尽管仍有部分国内外文献认为，政府补助会存在挤出效应。显然，对于政府补助的效应研究还没有定论，有待于进一步的研究。

2.3.1.3 支持行业与产业发展

目前，利用政府补助支持本国企业发展，提高本国相关行业的竞争力，已经成为普遍现象。Ford 等认为，钢铁、煤炭采掘、造船等行业获得了超过平均水平的政府补助，并且在经济形势下滑时，政府对这些行业的扶持压力增大（Ford 和 Suyker，1990）。Vittas 等的研究表明，在特定经济和体制环境下，融资补助对促进产业和经济发展来说是一个有效的工具（Vittas 和 Cho，2010）。Schwartz 等以欧洲航空业和美国航空业的竞争为例，研究发现，为了提高空客公司的规模经济，欧洲给予空客公司大量补助支持。新兴行业由于风险较高，盈利能力差，政府为支持新兴行业发展，提供大量融资补助。另外，国外相关研究表明，政府补助常被地方政府用于扶持某些衰退行业（Schwartz 和 Clements，1999）。Aydin 发现相关国家（英国、法国、德国）给予煤炭采掘、机械等行业大量补助（Aydin，2007）。Min 研究了韩国为应对 2008 年的全球经济萧条而采取的轿车补助计划，发现政府补助计划显著扩大了新车的需求（Min，2015）。Melkonyan 等采用二阶段博弈模型从理论上分析了政府补助与产业发展之间关系，认为前期的补助政策会抵消市场失灵并启动新兴行业的发展，政府补助可以诱使初创企业进入这个行业，并创造与产生行业知识，而这个正外部性可以诱使后来的企业进入这个行业（Melkonyan 等，2017）。正是由于政府补助对于相关行业的发展具有巨大的促进作用，很多国家都推出了促进本国行业发展的政策，如美国政府于 2009 年推出了总额达 7800 亿美元的新兴产业政府补助计划（赵刚等，2010）。

我国市场经济体制是从无到有、在政府主导下建立起来的，市场机制并不完善，因此，为抑制市场失灵，对政府补助的运用相比成熟市场经济体也更加频繁，如我国从 2009 年开始确定了七个领域为"战略性新兴行业"，并给予大量的政府补助支持。Blanchard 等认为中国比俄罗斯发展较快的原因是，中国政府对新企业进行积极的扶持，而俄罗斯地方政府由于被老企业绑架，没有动力支持新企业（Blanchard 和 Shleifer，2001）。林毅夫等认为，在国家赶超战略下，国有企业承担了较多的政策性负担并产生了亏损，政府为了让这些承担政策性负担的国有企业继续生存，对国有企业进行了大量的事前保护和补贴（林毅夫和李志赟，2004）。范方志等认为，对于像中国这样的转型经济国家，由于资本市场发展不足，难以对新兴产业提供足够支持，需要政府进行补助支持，培育国家竞争优势（范方志和张耿庆，2004）。王凤翔等认为，我国地方政府对竞争性企业实施补贴是一种理性行为，有强烈动机将本地区产业和经济发展方向引导到高利润和快速发展的部门，优先发展某些产业部门，促进落后产业的转型，相比过去的行政手段，补贴这种经济手段是一种进步（王凤翔和陈柳钦，2006）。

我国政府补助实施的行业体现了政府的社会管理意图，侧重于产业振兴和公共产品供给。吴婷婷认为，我国政府更倾向于对符合国家产业发展政策的企业给予政府补助，并且其产权性质是国有企业或地处经济发达地区的企业，更容易获得政府补助的支持（吴婷婷，2013）。邹彩芬等通过对 2009~2011 年纺织行业和创业板上市公司的数据对比分析认为，政府对纺织行业的政府补助是为了在行业发展趋势下降、出口额减少背景下对传统行业的扶持，是一种"扶弱"行为，而对创业板公司的政府补助是为了培育新兴行业，鼓励其创新与发展，是一种"补强"行为（邹彩芬等，2014）。毛逸菲认为，政府补助显著促进了企业进入战略性新兴行业，并且这种促进效应在东、中、西三个地区都具有显著的促进作用，对固定资产投资率较低的行业，政府补助也显著促进了企业进入（毛逸菲，2016）。王克敏等认为，我国地方政府为了促进本地区经济发展，在国家的产业政策的基础上，有较大偏好对本辖区的企业提供大量资金支持（王克敏等，2017）。

可以看出，为了促进相关行业的发展，落实产业政策，政府补助这一政策手段在世界各国运用比较多，我国目前的相关研究也肯定了政府补助在促进产业发展中所起的作用。但是，目前的文献对政府补助与行业的研究集中于战略性新兴行业，对其他行业的研究较少，并且政府补助的形式集中于研发补助，对其他形式的补助，如税收、贴息等，与行业发展之间的关系研究较少。

2.3.1.4 提供公共产品

公共产品主要包括国防、公安司法、义务教育、公共福利事业、环境保护、弱势群体帮助等，公共产品一般只能由政府提供。但是，由于预算的硬约束和软约束，政府在提供公共产品时会存在供给不足或浪费的问题，效率较低，而私有企业具有市场优势，如果由私有企业来提供公共产品，会有较高的效率，但公共产品具有非排他性和非竞争性的特征，私有企业一般不愿意提供，国外相关研究表明，如果政府给予私有企业一定的补助或优惠政策，降低其成本，私有企业也有动力提供公共产品。Roberts认为，由于"搭便车"的存在，私有企业不会自愿提供公共产品，如果给私有企业一定的补助，这要比税收对其更具有吸引力（Roberts，1987）。Schwartz利用博弈模型发现，政府通过提供补助—税收计划促使私有企业自愿贡献更多的公共产品，通过补助改变了资源分配（Schwartz，1999）。Guth等发现，欧盟有一个可以看见的改变，即农业能够获得政府补助支持的决定因素从农产品产量规模向农业企业提供的公共产品数量多少转变，比如自然环境的保护和生物多样性的保留（Guth等，2017）。

我国目前有关政府补助与公共产品的相关研究较少，在个别研究中稍有涉及。唐清泉等通过对2002~2004年A股上市公司的回归分析发现，公共产品的提供与政府补贴比例呈显著正相关，说明公共产品大多是由政府控制的企业提供的，这类企业也相应获得了较多的政府补贴（唐清泉和罗党论，2007）。郑书耀通过构建效用模型的分析认为，政府通过补助和引入竞争来提供公共产品，只要设置好合理的机制，竞争恰当，就能够低成本的使公共目标最大化实现（郑书耀，2009）。李海涵利用2008~2013年资源型上市公司的数据，采用多元回归的分析方法，发现企业获得的政府补助越多，在环保和污染治理方面的投资就越多，并且这种促进效果在国有企业中表现得尤其突出（李海涵，2015）。

赵书新等从信息不对称角度，利用斯坦科尔博格博弈模型进行分析认为，企业在固定补贴下没有激励提供更多的环保产品，固定补贴政策在现实中没有很好的效果（赵书新和欧国立，2009）。申香华以2003~2006年河南省上市公司数据为样本，以税款缴纳、社会捐助、环保投资与支出三者的合计数作为其中一个变量，采取多元回归的方法进行分析发现，政府补贴对企业提供公共产品没有显著的影响，政府提供补贴的目的并不是为了促使企业提供公共产品（申香华，2010）。

从上述国外和我国的研究观点可以看出，各国政府有较强动机通过政府补助诱使私人企业提供公共产品，尤其是实施一些指向性很强的政府补助（如环保补助、教育补助、慈善补助等），但目前国内外有关这方面的研究较少，我国的相关研究对这一动机还存在一定分歧，对政府补助促进企业公共产品提供的效果有肯定和否定两方面不同的观点，这反映出政府补助的实施效果还存在问题，需要加强这方面的研究。

2.3.1.5　提升政绩

国外有关政府补助和政绩关系的研究文献几乎没有，国内对这方面有一些研究。政府补助作为一种政策转移支付，实质是社会公共资源的再分配，在具体分配时，政府官员具有资源分配的裁量权（余明桂等，2010；郭剑花等，2011），政府官员不可避免地为了自己的政绩和政府形象而对特定企业给予补助支持，只不过，这种动机往往很隐晦，被其他动机所掩盖。唐清泉等认为，中国地方政府的官员评价和升迁的最重要指标就是地区经济发展速度，地方政府官员具有提高本地区GDP的冲动。因为地方企业的好坏会影响到地区经济环境的形象和官员政绩，地方政府会通过支付企业宣传补贴、企业品牌补贴等方式给予企业帮助，地方政府会为这些形象和面子给企业提供补贴（唐清泉和罗党论，2007）。代秋映认为，政府补助的间接动机是我国地方政府在唯GDP的绩效考核体制下，采用政府补助等手段对上市公司进行扶持，通过带动相关产业的发展从而提高GDP，增强地区竞争力（代秋映，2014）。曹越等（2017）以2007~2014年A股非金融类上市公司为样本，检验了我国地方政府政绩诉求、政府补助和企业实际税负三者之间的关系，发现地方政府的政绩诉求会显著地影响公司获得的政府补助，地方政府为了实现其政绩诉求，会给予地方国有企业高额的政府补助，而政府补助会显著降低企业的税收负担（曹越、邱芬和鲁昱，2017）。

关于政府为了政绩而给予企业政府补助的动机及效果的国内外研究还较

少，是政府补助动机研究的一个新的角度。

2.3.1.6 融资、保牌和扭亏

由于我国证券监管部门对上市公司的配股融资、上市公司资格等进行了以收益能力为核心的考核，而政府补助作为一种外部资源的流入，能够直接增加企业的净利润和净现金流量，对于企业来说，能够使企业获得竞争优势，所以，上市公司有强烈的动机来争取政府补助，利用政府补助来进行盈余管理。陈晓等以1997~1999年A股上市公司为样本，利用统计分析的方法发现，如果剔除政府补贴收入，很多企业不具有配股资格或亏损，政府的财务干预对企业的财务业绩具有重要作用，并且认为政府补贴成为企业进行盈余管理的手段（陈晓和李静，2001）。刘浩通过对沪市一家上市公司购并案例的分析，发现公司会与地方政府谈判，获得地方政府的补助收入并取得了配股的条件（刘浩，2002）。龚小凤以2001~2003年A股上市公司为样本，采用统计检验的方法，认为补贴与净资产收益率相关，补贴收入与上市公司的配股资格具有相关性，但在《公开发行证券的公司信息披露规范回答第一号——非经常性损益》（证监会计字2001 7号）文件出台后，补贴对配股资格的影响不大，但补贴收入对防止上市公司被ST具有重要作用（龚小凤，2006）。田笑丰等指出，对陷入财务困境的上市公司给予其政府补助是一种普遍的现象（田笑丰和肖安娜，2012）。所以，王蓉认为，由于我国特殊的社会经济体制、创立证券市场的特殊动机，使融资、配股、保牌和扭亏成为我国独有的政府补助动机（王蓉，2011）。

但是相关研究却认为这种动机并不存在。周勤业等以2003年A股上市公司为例，利用统计分析的方法分析认为，从整体上，包括政府补助在内的非经常性损益对利润的影响较低，但部分微利和被ST的公司利用非经常性损益调节利润现象比较严重（周勤业和周长青，2005）。唐清泉等认为，上市公司的再融资动机与政府补助的关系不大，并没有明显的证据表明政府采取政府补助这种直接手段来帮助企业，这与再融资监管政策的变化有关系（唐清泉和罗党论，2007）。

以上文献表明，政府补助在一定程度上被企业滥用，成为特定企业获得相关资源或盈余管理的手段，损害了市场的公平性。尽管相关研究表明这种动机并不明显，但对政府补助政策实施效果的研究具有重要的现实意义。

2.3.1.7 高管薪酬

企业高管的薪酬与公司治理结构、所处行业和公司业绩密切相关，政府补助是政府资源的再分配，我国大部分政府补助从申报、获取、使用到监管和效果评价缺少完善的制度约束。在相关制度缺位下，政府补助资金的获取成本和使用成本极低，因此，企业高管会积极争取获得更多的政府补助，目的有两方面：一方面，通过使用政府补助提升企业的经营业绩；另一方面，也为其自身获取超额薪酬提供可能（田春晓等，2016）。景崇毅等采用文献综述的方法分析认为，政府补助是非经常性损益的一种，高管利用政府补助操纵盈余的动机比较复杂，高管除了公司层面的考虑外，还有自身经济利益和政治利益的考虑，经济利益不仅仅局限于提高绝对薪酬，而是保持薪酬相对稳定（景崇毅和李玉萍，2012）。罗宏等以2008~2011年A股上市公司为样本，采用多元回归分析法分析发现，政府补助与高管超额薪酬正相关，是高管攫取租金的途径，并且政府补助显著提高了薪酬—业绩敏感性，高管为其获取的高薪酬进行辩护（罗宏等，2014）。步丹璐等以2007~2010年A股上市公司为样本，采用多元回归的分析方法分析发现，公司高管为了获得高额报酬，利用政府补助来"伪装"其业绩指标，并使公司内部高管与普通员工之间的薪酬差距加大，这种现象在国有企业中尤其突出（步丹璐和王晓艳，2014）。赵宇恒等以沪市2007~2011年A股上市公司为样本，采用多元回归分析法检验了政府补助对高管薪酬的影响，发现企业存在利用政府补助给企业高管发放薪酬的行为，目的是维持高管的薪酬稳定，并且这种行为并没有对高管产生激励，容易引发高管的偷懒和寻租行为，反而导致社会资源的浪费和社会福利的降低（赵宇恒和孙悦，2014）。刘俊等以2011~2014年A股国有上市公司为样本，采用回归分析法分析发现，国有企业的高管层利用政府补助来粉饰薪酬业绩指标，进而导致高管层薪酬与员工薪酬之间的差距拉大，同时，公司治理的完善可以缓解公司的薪酬差距（刘俊等，2016）。佟爱琴等以2001~2014年A股上市公司为样本，应用回归分析法，把政府补助作为中介变量，发现政府补助加大了上市公司高管与一般员工之间的薪酬差距，这一现象在国有企业中体现得更为突出（佟爱琴和陈蔚，2017）。张悦玫等以2007~2015年A股上市公司为样本，区分了亏损组和非亏损组样本，回归分析检验结果表明，对于没有亏损的企业，企业得到的政府补助使高管外部薪酬差距扩大，而在有亏损的企业，二者之间没有显著关系（张悦玫和高硕，2017）。

在薪酬差距的相关研究中，近年政府补助的影响比较受到重视，以上相关文献都认为政府补助的存在加大了上市公司高管的薪酬差距，政府补助成为高管实现高薪酬或掩盖其高薪酬的工具，这反映出政府补助被上市公司高管利用而成为实现其个人利益的手段，这也可以解释政府补助为什么对企业财务绩效的影响往往是负面的，但还需要进一步深入研究政府补助对薪酬差距的影响机理。

2.3.2 获得政府补助的企业特征

政府为了实现其动机，对补助对象的选择具有倾向性，而企业要想获得补助也需要具有一定的条件，在两方面力量的制约下，获得政府补助的企业表现出一定的特征。从目前研究来看，这些特征主要有以下方面。

2.3.2.1 产权性质

在政府补助的获得能力上，不同所有制的企业具有不同优势。国有企业控制国民经济的命脉，对地区经济发展有重要贡献，同时，国有企业承担了较多的社会责任和目标，政府对国有企业具有天然的"父爱关怀"。而民营企业有利于增加就业，培育新的经济增长点，增加政府财政收入，也会得到政府的扶持。但是，相关研究认为，国有企业在获取政府补助上更占优势。邵敏等以2001~2006年工业企业统计数据为样本，采用 Heckman 选择模型进行分析发现，国有企业获得补贴的程度最大，原因是国有企业承担了较多的社会职能，政府作为国有企业实质的拥有者和控制者，更愿意保护国有企业（邵敏和包群，2011）。步丹璐等以2007~2012年A股上市公司为样本，采用统计检验的方法分析发现，国有企业拿了绝大部分政府补助（80%以上），而民营企业仅获得一小部分，这说明我国政府补助体系仍以国有企业为主体，并且中央政府控制的国有企业获得的政府补助显著高于地方政府的国有企业（步丹璐和郁智，2012）。孔东民等认为国有企业过度享有了政府补助（孔东民和李天赏，2014）。何红渠等以机械、设备及仪表类上市公司2009~2014年的数据为样本，采用面板数据固定效应模型分析认为，国有企业比非国有企业更有可能获得政府补助（何红渠和刘家祯，2016）。导致国有企业更有可能获得政府补助的原因是，国有企业在税收、公共产品提供、就业等政府关注的社会目标方面贡献更大，所以政府在分配社会补助时会更倾向国有企业（唐清泉和罗党论，

2007)。步丹璐等以 2007~2014 年 A 股上市公司为样本，从产权性质和不同市场环境角度检验股权投资与政府补助的关系发现，国有企业通过股权投资，获得了更多的政府补助，而民营企业并不显著（步丹璐和狄灵瑜，2017）。

但是也有不同的观点，陈晓等发现，随着国有股权比例加大，公司享受的政府支持并没有随之加大，地方政府决定是否对某上市公司进行补贴，并没有考虑公司的股权性质（陈晓和李静，2001）。

可以看出，较早期的文献（如陈晓和李静，2001）虽认为上市公司的产权性质（国有控股和非国有控股）并不会影响企业获得政府补助，但后来的文献发现，国有控股上市公司要比民营资本控股的上市公司更容易得到政府补助支持，产权性质是政府补助研究中一个需要考量的重要因素。

2.3.2.2　政治联系

国外学者对政治联系与政府补助的关注较多。Fisman（2001）较早研究政治联系，其以印度尼西亚为例，认为印度尼西亚总统苏哈托后代的公司价值主要是靠政治联系获得（Fisman，2001）。Faccio 等以 1997~2002 年 35 个国家的企业为样本，发现在经济萧条时，有政治关联的企业更容易得到政府救助（Faccio 等，2006）。Fraser 等以马来西亚企业为例，发现有政治联系的公司在获得政府项目和政府补助资金方面具有优先权（Fraser 等，2006）。Faccio 以 47 个国家的 20202 个上市公司为样本，这些企业的高管与政府具有密切的联系，发现有政治联系的企业比无政治联系的企业更有可能获得政府合同、特权和政府补助（Faccio，2006）。Min 以韩国国有企业为例，检验了有政府官员背景的高管层与政府补助分配之间的关系，发现高管层有政治联系的国有企业比高管层没有政治联系的国有企业获得了更多的政府补助支持，这种关系在高管层来自有关的常务委员会（Standing Committee）和监管部门的时候尤其显著（Min，20111）。Ran 等以美国企业为样本，认为具有政治联系的企业相比没有政治联系的企业，更可能获得政府的资金支持（Ran 和 Sosyura，2012）。Chow-meng Chen 等认为，政治联系能够提升公司价值的原因是政治联系可以使公司获得政府的优惠对待、优先的项目选择和获取政府相关利益（Chow-meng Chen 等，2014）。Attia 等以 2007~2011 年突尼斯证券市场非金融类的上市公司为样本，发现具有政治联系的私人资本企业比其他没有政治联系的企业获得了包括政府补助在内的利益（Attia 等，2016）。

但是，Henk Berkman 等以斯里兰卡上市公司为样本，发现政治联系并没有提升公司价值，进一步的检验表明，斯里兰卡政府在补助重大项目方面对有政治联系的企业并没有偏向性（Henk Berkman 和 Vidura Galpoththage，2013）。这一研究结论与其他国外的相关研究结论不一致，原因可能与研究样本所处的市场环境有相关。

中国国有企业天然与政府具有政治关联，大多数情况下，国有企业的高管都是由政府任命的。尽管民营企业在政府补助竞争中处于劣势，但民营企业可以通过各种方式和政府建立政治关联，利用这种"关系"游说政府获得相应的政府补助，有些企业甚至通过"寻租"手段来获得政府补助。可以说，只要市场还被政府的手控制着，企业就会寻求政府的支持，获得政府的支持，就意味着额外的利益（张维迎，2001）。陈冬华（2003）以1993~2000年623家A股上市公司为样本，采用线性回归法发现，在董事会中，具有地方政府背景的董事比例越大，公司获得政府补助的可能性越大，这种补助收入使公司在与外地企业竞争中具有优势（陈冬华，2003）。潘越等认为民营企业的政治关联对其处于财务困境时获得政府补助有显著影响（潘越等，2009）。余明桂等以2002~2007年A股民营非金融上市公司为样本，以高管是否曾经担任政府官员来判断是否有政治联系，发现有政治联系的企业比无政治联系的企业获得了更多的政府补助，并且在市场化程度较低的地区，这种效应更强烈（余明桂等，2010）。郭剑花和杜兴强以2004~2008年民营A股上市公司为样本，采用多元回归的方法，发现具有政治联系的民营企业由于承担了较多的雇员负担，从而获得了较多的政府补助，并且有政治联系的高管在承担雇员负担较多时，增加了其与政府讨价还价的能力，进而增加了政府补助（郭剑花和杜兴强，2011）。杜勇和陈建英以2009~2012年A股亏损上市公司为样本，以社会网络理论为基础，采用多元回归检验法发现，有政府关联的企业通过慈善捐赠的手段，更容易获得政府补助（杜勇和陈建英，2016）。陈维等以2002~2012年A股上市公司为样本，通过构建政治关联指数，采用多元回归分析的方法发现，政府联系对企业获取政府补助具有显著效应，并且高管的政治关联越多，其获得的政府扶持就越多，并且，这种效应在民营企业中比国有企业更为明显（陈维等，2015）。余玉苗等以手工搜集整理的2009~2012年创业板上市公司数据为分析样本，检验发现，在制度环境较差的地区，具有政治背景的独立董事比例越高和独董津贴越多，越能显著增加公司获得的政府补助（余玉苗等，2015）。胡旭阳等以2003~2015年上市家族企业为样本进行分析发现，家族企业创始人的政治身份给其家族企业能带来包括政府补助在内的经济利益（胡旭阳和吴一平，2017）。

正因为我国企业的政治联系现象比较普遍，所以学者以中国企业为样本进行政治联系的相关研究发表在国际期刊的数量较多，在国际上具有一定的影响力，其中部分研究涉及政治联系与政府补助关系。Jianfeng Wu 和 Menita Liu Cheng 以 2002～2004 年在中国 A 股上市的 212 家中国企业为样本，从权变理论的视角，检验并发现在管理者声誉较高或企业过去经营业绩较高的情况下，管理层的政治联系在企业获得政府补助中发挥了显著的正面作用（Jianfeng Wu 和 Menita Liu Cheng，2011）。Lin 等以 2008～2010 年中国 A 股民营制造业企业为样本，分析了政府补助与污染企业环境绩效之间的关系，研究表明有政治联系企业显著地比没有政治联系的企业更可能获得政府环保补助（Lin 等，2015）。Tao Qizhi 以中国 2001～2014 年 A 股中被 ST（特别处理）的上市公司为样本，回归检验表明，政治关联与企业获得政府补助的金额具有显著的正相关关系，并且，这种政治联系带来的支持效应在陷入财务困境的国有企业中表现特别明显，这些企业在政府扶持下更易于生存下来（Tao Qizhi，2017）。Jiaan Qu 等以 35 家中国 A 股风能上市公司为样本进行分析认为，企业为了获得政府各种类型的补助，经常会雇用拥有政治背景的管理者担任董事会或监事会成员（Jiaan Qu 等，2017）。

从以上研究可以看出，具有政治联系是企业获得政府补助的重要特征，企业通过建立政治关联来获得政府"扶持之手"，这种现象在世界各国都存在，但现有研究表明，这种通过政治联系来获得政府补助的现象在以包括中国在内的东亚和东南亚国家特别普遍。现有研究认为，政治联系可以提升公司价值或股价，对获得政府补助的企业竞争力具有促进作用，但相关研究也认为，通过政治联系获得政府补助，破坏了市场机制，造成了政府补助资金分配不公平和寻租的产生，使公共资金使用效率低下。

2.3.2.3　财务困境

当企业处于财务困境时，会带来一系列问题，不仅企业存续和股东利益受到威胁，也会影响就业、税收、地区经济发展、官员政绩等政府目标的实现，集中刺激了政府和企业利用政府补助渡过难关的动机，从而导致处于财务困境的企业更容易获得政府补助。Kornai 基于预算软约束理论认为，在社会主义经济体制中的国有企业发生亏损，政府经常会通过增加融资、减少税收、提供补贴等方式救助（Kornai，1986）。

由于我国针对上市公司采取"特别处理制度（ST制度）"，所以很多上市公司当面临被ST或摘牌时，政府出于各种动机，会配合企业的自救行动而给予其补助，从某种程度上，政府补助已经成为企业盈余管理的一种手段。杨红艳（2007）从A股2004年年报中选择了97家净利润大于0且净资产收益率处于0~1%的微利公司作为样本，采用统计检验和案例分析相结合的方法进行分析认为，在企业出现微利前一年政府补助收入小幅增加，在微利当年政府补助收入大幅上升，微利后一年政府补助收入大幅下降。潘越等（2009）以2002~2007年中国A股的ST公司为样本，采用回归分析法检验了陷于财务困境上市公司获取的政府补助发现，在政治关联和地区财政等因素下，民营上市公司处于财务困境时，更易于获取政府补助。邵敏和包群（2011）认为，地方政府的补贴行为更多表现为保护弱者，尤其是亏损企业，这一点在中西部地区更突出。田笑丰和肖安娜（2012）以2007~2011年A股139家ST公司为样本，采用固定效应模型进行分析认为，对陷入财务困境的上市公司进行救助是各地政府的普遍行为。张天舒等（2014）以2005~2009年新增加ST公司为研究样本，回归分析结果表明，当国有企业存在经营困难时更容易获得政府补助，行政级别越低的政府越有动机对陷入经营困难的国有企业进行政府补助，地区市场化程度越低，政府对困难企业进行政府补助的动机越强烈。姚珊珊（2015）以2002~2009年A股非金融ST公司为样本，利用多元回归分析法分析认为，当企业陷入财务困境后，会获得大量的政府补助来帮助其摆脱困境，但是，这种帮助短期内有效，长期来说，对提高公司绩效并没有作用。张栋等（2016）以2011~2015年钢铁业上市公司为样本分析认为，基于就业、社会稳定等方面的考虑，僵尸企业更易获得政府补助。杜勇（2017）以2004~2011年A股上市公司为样本，通过回归分析指出，亏损上市公司普遍获得了政府补助。

但是，对于陷于财务困境的企业更易获得政府补助这一论断，相关学者研究认为不完全正确。申香华（2010）以2003~2006年河南省上市公司为样本，采用多元回归分析方法发现，政府补助与营业收入增长率显著正相关，认为政府补助的发放趋向合理，公司获取政府补助与公司成长性相关，改变了以往政府倾向于对亏损公司进行补助的不合理状况。在步丹璐和郁智（2012）的统计分析中发现，非ST公司获得的政府补助明显高于ST公司。邹彩芬等（2014）采用多元回归分析法，以2009~2011年纺织行业和创业板为对比样本，分析后认为，对纺织业这类传统行业进行政府补助更多是为了"补弱"，而对创新类高成长企业进行政府补助是"补强"。

总之，发达经济体由于市场体制较完善，当企业处于财务困境时，一般政府不会刻意去进行救助，而发挥优胜劣汰的市场机制来进行资源重新配置。我国由于是转型经济，因此，上述研究表明，我国政府在对待陷入财务困境的企业往往伸出"扶持之手"，这是我国获得政府补助企业的一个鲜明特征。当然，随着我国市场机制不断完善，相关研究也表明，在一定条件下，陷入财务困境的企业也不一定会得到政府补助支持，因此，需要进一步研究不同情境下的政府补助是否发挥了"扶持之手"。

2.3.2.4 所处行业与地区

由于国家产业政策在不同历史阶段的侧重点不同，政府出于促进经济增长、科技进步和提供公共产品的动机，对相关行业进行了重点支持。同时，各地经济发展状况和财政富裕程度不同，所以，政府补助具有明显的区域和行业特征。

从区域特征来看，不同区域对公司获得政府补助具有重要的影响。步丹璐和郁智（2012）认为，西部地区获得的政府补助低于东部地区，但增速高于东部地区，说明我国政府补助政策有向西部地区倾斜的趋势。欧阳煌等（2016）以2005~2012年A股新上市的611家企业为样本，应用Probit模型进行分析认为，政府补助能够引导企业设立的选址，并且东部地区各省的政府补助对企业设立选址的促进效果好于西部地区的省份。陈兴和韦倩（2017）以2007~2013年A股上市公司为样本，采用回归分析法，从企业寻租动机角度对政府补助与行政距离进行了检验发现，企业距离省级地方政府所在地越近，通过寻租活动获得的政府补助越多。

从行业特征来看，不同行业获得的政府补助存在较大差异。吕久琴（2010）以2006~2008年A股上市公司为样本，发现从所接受的政府补助金额排序上来看，机械行业、设备制造行业、仪器仪表行业最多，其次是电子行业、医药行业、生物制品行业、信息行业、其他制造、石油化学等行业，收到政府补助最少的行业是农林牧渔业、采掘业等，研究认为政府补助没有起到产业调整的作用。步丹璐和郁智（2012）认为，公共服务和高新技术行业收到政府补助总额最多，农林牧渔业收到政府补助总额最低。石珊珊（2012）认为，地方政府对各个行业都给了相应的政府补助，具有普遍性，相对来说，仪器仪表和信息技术行业更容易得到政府补助，农林牧渔和水电煤气等行业没有受到政府关注。邱世池（2014）以2008~2012年A股上市公司为样本，以是否是高科技企业和处于战略性新兴行业为变量，采用多元回归分析方法发现，企业符合高新技术和战略性新兴产业的要求，与其他行业相比，更容易获得政府补助支持。张洪辉（2014）以 2003~2012 年 A 股上市公司为样本，回归分析发现，政府补助在行业上具有显著的差异性，其中，与农业企业获得的政府补助相比，文化传媒、医药业、信息技术行业、仪器饮料行业的企业获得的政府补助高于农业，采掘行业、房地产行业、建筑行业、水电气行业的企业取得的政府补助低于农业。

综合上述文献可以看出，政府补助具有行业和地区的差异，主要原因是，我国政府补助政策类型多样，不同行业和地区实施的补助政策存在较大差异，并且也影响到了政府补助的实施效果，因此，政府补助的行业特征和地区特征在相关研究中成为重要的控制变量。

2.3.3　政府补助对公司绩效的影响

在政府补助的相关研究中，比较重要的研究方向是对政府补助的实施效果研究，即政府补助对公司绩效的影响。在本书中把公司绩效分为财务绩效和非财务绩效，因此下面从财务绩效和非财务绩效这两个角度，综述政府补助对公司绩效的影响的研究文献。

2.3.3.1　政府补助对公司财务绩效的影响

对于政府补助对企业财务绩效的影响研究，学者们的观点大体上分为两类：一类研究认为，政府补助对公司财务绩效具有促进作用；另一类研究认为，政府补助不会对公司财务绩效具有促进作用，反而具有阻碍作用。

认为政府补助对公司财务绩效具有促进作用主要以我国学者为主，国外少有学者持这一观点。周红和吕久琴（2012）的研究中提到，企业的研发补助提高企业财务业绩滞后了两年。孙维章和干胜道（2014）以 2007~2012 年 A股 48 家 IT 类上市公司为样本，采用多元回归的分析方法发现，政府补助与企业当期业绩没有相关性，但与滞后一期的企业业绩正相关，所以认为政府补助提升了企业财务业绩，但存在滞后性，并且认为在有政治关联的企业中，政府补助对企业业绩的促进效果更好。周霞（2014）以 2007~2011 年收到政府补助的 A 股公司为样本，通过对样本进行成长、成熟和衰退三个成长阶段划分，采用多元回归分析法发现，政府补助对处于成长期的企业提高经济绩效较为显著，能提高成长期企业的盈利能力和可持续发展能力。Zhang Huiming（2014）选择代表可再生能源行业的风能和太阳能类的 34 家上市公司为样本，回归分析表明，无论从短期还是长期来看，政府补助与风能和太阳能类的企业财务绩效具有显著的正相关关系，但是，政治联系会减弱这种关系。刘靖宇等（2016）采用倾向性匹配分析法对 2007~2012 年 A 股上市公司进行分析，在控制影响企业财务绩效的相关因素基础上得出，获得政府补助较高一组的企业财务绩效显著高于获得政府补助较低一组的企业财务绩效，由此认为政府补助能够促进企业财务绩效提高。王维等（2017）以 2010~2015 年 42 家新能源汽车行业上市公司为研究样本，利用随机效应模型进行了检验分析认为，非研发性质的政府补助对企业财务绩效具有促进作用。江新峰和张敦力（2017）以 2007~2013 年 A 股民营上市公司为样本，通过回归分析认为，政府补助在一定程度上提升了企业财务绩效。

但是，较多的国内外学者研究认为，政府补助对企业财务绩效提高效应不大或存在负面的影响。Carlsson（1982）发现，1970~1978 年，瑞典采掘和制造业的产业政府补助从 4.9% 增加到 16%，这些政府补助主要是用于困难企业的工资补助，通过宏观经济模型的模拟发现，选择性工资补助从短期来说提高了行业产值、就业率和出口，但从长期来看，导致了更差的经济业绩。Beason 和 Weinstein（1996）以 1955~1990 年日本企业为样本来研究经济增长、规模经济和目标市场选择，把政府补助作为政府干预市场的手段之一（其他还有关税保护、税收优惠），发现政府补助与劳动份额正相关，与资本投入比例负相关，并且认为，日本的产业政策把资源从高速增长行业转入低速增长行业，即政府补助等政府干预政策使企业低速增长，并且使规模报酬递减。Van 和 Tongeren（1998）采用微观模拟方法构建了一个以在宏观经济框架下的企业为模型，用于研究荷兰在政府投资补助下企业的反应，这个模型能够直接估计企业的期望盈利性和流动性的变化，结果表明，在 20 世纪 80 年代，荷兰政府的投资补助并没显著改变企业的投资决策，但却使企业偿债能力提高。Bergstr（2000）认为，政府补助增加了无谓损失，因为与经济利益相比，政客和官僚机构对政治目标更感兴趣，文章以 1987~1993 年瑞典企业为样本，分为政府补助的企业和非政府补助的企业两组，通过对面板数据的回归分析发现，政府补助与价值增长正相关，政府补助的企业生产效率在补助的第一年增加，但第一年后，补助越多，全要素生产率（TFP）越糟糕，文章认为出现这种情况的原因是，尽管补助有利于克服市场失灵，但资源的有效配置难以实现，重要的权力集团可以使政府补助流向生产率不太高的企业。Tzelepis 和 Skuras（2004）以希腊 1982~1996 年食品和饮料制造业的 1005 家小微企业为样本，分析了政府投资补助对企业业绩的影响，研究发现，政府补助对总资产回报率（ROA）的影响为负，但不具有显著性，这说明政府补助是无效率的，尽管市场失灵需要政府补助，但无法确定资源被有效分配，唯一起到的效果是，接受政府补助的企业偿付能力提高了，政府补助对盈利性有负的不显著影响，尽管政府补助在提高期望收益和短期效率上存在不足，但证明它是一种有效促进经济增长的政策，进一步研究还发现，在经济衰退周期，政府补助是抵抗经济周期性衰退的有效工具，可以减少企业由于缺少现金而产生的流动性问题。

与国外学者的研究类似，我国一些学者研究认为，政府补助对企业财务绩效没有起到促进作用。李经龙等（2014）以 2008~2012 年旅游行业的 19 家 A 股上市公司为样本，分析表明，企业得到的政府补助与企业财务绩效之间不存在显著相关性。陈维等（2015）发现企业连续获得政府补助所带来的竞争优势呈现逐年下降趋势，长期来看，政府补助无法带来企业财务绩效的增加，并且基于政治联系所获得的政府补助降低了企业财务绩效。武咸云等（2017）以 2010~2014 年战略性新兴行业的 278 家上市公司为研究样本，多元回归分析表明，企业当年的政府补助对企业价值没有影响，但滞后一期的政府补助却对企业财务绩效和企业价值具有降低作用。

2.3.3.2　政府补助对企业非财务绩效的影响

理论界对政府补助的非财务绩效研究比较少，有限的研究论文主要围绕就业、研发绩效、社会责任等方面展开。

首先，相关研究对政府补助与就业之间的关系比较重视，政府补助对就业影响的观点也存在较大差异。一类观点认为，政府补助促进了就业（Carlsson，1983；Wren 和 Waterson，1991；Jenkins、Leicht 和 Jaynes，2006）。另一类观点认为，政府补助对就业存在挤出效应。如 Hamilton（1983）以 20 世纪 70 年代处于衰退期的瑞典造船行业为例，发现造船行业收到超过平均水平的政府补助，甚至比其用工成本还高，所以认为这种补助政策阻碍了盈利行业的扩张，限制了对本应失业的工人的雇用。Harris（1991）以北爱尔兰地区制造业为样本，采用固定生产函数替代弹性生产函数（CES）衡量政府补助对就业的相对影响，结果显示，政府补助对就业存在显著的负面效应。申香华（2010）以 2003~2006 年河南省和江苏省的上市公司为比较研究的样本，利用多元回归的分析方法发现，政府补助对就业的促进作用不显著。

其次，政府补助与非财务绩效关系的研究围绕政府补助对企业履行社会责任的影响展开，而观点也存在较大分歧。唐清泉和罗党论（2007）以 2002～2004 年 A 股上市公司为例，以雇员比例、税收比例、是否为高税率、是否为公用事业行业等指标来衡量社会目标，发现政府补助与税收比例显著正相关，认为政府补助对企业社会绩效具有促进作用。申香华（2010）发现政府补贴对企业提供公共产品没有显著影响。但是相关研究却认为政府补助对相关社会绩效具有促进作用。周霞（2014）从企业生命周期角度分析认为，对处于不同发展阶段的企业，政府补助都能对企业的环保投入起到促进作用，并且政府补助对处于成长期的企业环保投入影响大于成熟期和衰退期的企业。

总体上，相关研究较多集中于企业财务绩效，关于企业社会绩效的研究相对较少。学者们对政府补助与企业财务绩效、非财务绩效关系的研究结论存在较大的分歧，主要原因是政府补助在我国形式多样，实施主体和动机复杂，受到政府的政策目标、行业结构、地区市场发展程度、公司治理结构、公司产权性质等因素的影响，所以，已有的研究成果对政府补助绩效的研究难以形成统一的结论。

2.3.4　涉农公司政府补助的绩效研究现状

2.3.4.1　国外研究现状

针对涉农企业的政府补助是国外政府普遍采用的农业支持手段，其金额平均每年达到 10 亿美元。国外相关研究大多从宏观角度讨论了不同国家的政府补助对农业及农业企业的影响，有些观点认为是正面影响，有些观点认为是负面影响。

有些观点认为，对农业企业的政府补助可以产生正面的影响，这些研究主要集中于促进就业、生产率提高和企业增长等方面。Haessel 和 Vickery（1975）以加纳的农业出口补助为例，利用消费者剩余评估模型，发现农业补助可以产生大量的社会利益，同时，该政策带来大量的政府支出，尽管财政补助可以促使企业增加自筹资金，但使政府陷入沉重的财政负担。Gonzálezestradat 和 Orrantiabustos（2006）以墨西哥 1986～2003 年的农业补助数据为样本，通过与美国、加拿大等国的农业补助比较，认为墨西哥的农业补助水平与其主要贸易伙伴美国、加拿大相近，低于欧盟和日本，相比单纯增加补助，墨西哥应更多投资于必要的支持性设施来增加农业的集中度和生产率。Mccloud 和 Kumbhakar（2008）从欧盟农业会计数据库中获取了 1997~2003 年涉及丹麦、芬兰和瑞典奶牛养殖场的非均衡面板数据，共计 6609 个样本，利用贝叶斯层次模型分析表明，政府补助通过提高效率和投入弹性提高了农业生产率，与现存研究结论相反，发现政府补助对技术效率具有正向影响，边际产出最大的地区是丹麦，瑞典南部、中部和北部地区。Tangl 等（2010）以匈牙利为例，认为自匈牙利 2004 年加入欧盟后，政府和欧盟给予农业企业大量的政府补助，这有助于农业企业对固定资产的投资，改变企业的流动性，降低企业的融资成本。Beranova 等（2011）通过多元回归分析法，计算农业企业的经济增加值（EVA），发现农业企业的净经营利润相当部分来自政府补助，如果剔除政府补助，农业企业的经营活动是不盈利的，从某种意义上来看，政府补助不仅是农业企业重要的财务资源，政府补助的稳定性也是其经营风险的显著来源，总之，农业企业的生产补助对其财务绩效有重要影响。Koski 和 Pajarinen（2013）以 2003~2008 年 40 万家芬兰企业为样本，研究发现包括研发补助、就业补助和其他补助在内的各种类型补助对就业都有正面的促进作用，进一步研究表明，收到就业或其他类型补助的初创企业比没有收到补助的企业增长更快，因此初创企业比其他企业更高频率地收到政府补助。Banga（2016）以 1995~2007 年 27 个国家实施的"绿箱"补助政策数据为样本，采用数据包络分析法（DEA），发现"绿箱"补助政策提高欧盟国家和美国的农业生产率分别为 60% 和 51%，但是利用农业贸易模拟模型分析，如果缩减补助，欧盟和美国的农业产出都大幅降低，同时成本增加。Popovic 和 Grujic（2015）以塞尔维亚 2006~2013 年政府预算数据为依据，通过比较发现，农业补助增长很快，甚至在经济危机期间也维持较高的增速，但是，由于塞尔维亚政府面临较大的缩减政府开支压力，并且农业的比较优势不足，所以为农业和农村地区提供了足够的发展预算，建立专门机构处理与欧盟之间的法律和农业政策事务。Salunkhe 和 Deshmush（2014）认为，直接和间接的政府补助对印度农业发展起到了重要作用，有效地促进了农业产量的提高，但是由于腐败和低效的管理，补助资金没有到达农户手中，导致农户没有从补助资金中受益。Poczta-Wajda（2015）通过对相关文献进行综述认为，近 30 年来，发达国家正努力弱化农业政府补助的作用，减少补助对农业生产者决策的影响，但是政府补助对农业生产者决策的影响不可忽视，原因是政府补助增加了农场主的财富和收入，对他们的流动性和偿付能力有正向影响，实质性的影响是减少了农场主的风险厌恶程度，提高了投资水平和生产率。Vozarova 等（2016）以斯洛伐克农业企业为例，采用相关分析法，认为农业总产出与政府补助显著正相关。Blomquist 等（2017）以瑞典实施共同农业政策（CAP）对就业的影响为研究对象，分析了瑞典 2001～2009 年的数据，发现政府补助有助于创造就业机会。

但是，国外相关研究认为，政府补助对环境、生物多样性和企业技术效率等非财务绩效产生负面影响。Bezlepkina 和 Lansink（2003）采用 1996～2000 年莫斯科地区乳制品企业的面板数据，应用 Tobit 回归模型分析，研究表明，95%的乳制品企业得到了政府补助，经营失败的企业不断累积负债，并且获得了包括政府补助在内的大量外在支持，而企业的经营效率低下，其原因可用 Jensen 的委托代理理论来解释，即如果企业的绩效大部分来自于政府补助，管理者就不会花大力气来经营企业。Mayrand 等（2003）从美国农业法案和多哈回合谈判的角度分析认为，高额的农业补助导致过量的农业产量，并对环境产生破坏，影响了生物多样性。"黄箱"政策有利于抑制产量过剩，保护环境，提高农业生产的效率和生物多样性。经济合作与发展组织（OECD）国家仍保持大量的价格补助，这是对环境损害最大的补助形式，总之，农业补助在农业产量和环境保护中起到重要作用。Zhu 和 Xueqin 等（2008）以从欧洲共同体农场会计数据网（FADN）获取的 1995～2004 年希腊橄榄农场的数据来估计政府补助的技术效率，研究表明，这十年平均的技术效率为 69%，直接的政府转移支付对技术效率呈负面影响，同时，农业专业化程度也影响政府补助的技术效率，政府补助对技术效率的影响在不同环境下其影响程度不同，因此需要制定不同的政策。Dlamini（2012）以撒哈拉以南非洲的小额信贷机构为样本，发现这些机构近年收到数十亿美元的政府补助用于补充资本、促进增长、提高效率和绩效，从表面上来看，这些干预行为是积极的，但研究表明，政府补助对小额信贷机构的经营和财务持续性具有负面影响。Bojnec 和 Latruffe（2013）以斯洛文尼亚 2004～2006 年的农业企业为样本，认为斯洛文尼亚的小规模农业企业获得了更多的政府补助，并且这些补助与企业的技术效率负相关，与企业的盈利性正相关。Minviel 和 Latruffe（2014）采用 Meta 回归分析法，研究表明，农业补助与农业技术效率呈反向关系。

总之，国外对于农业政府补助的研究较多集中于宏观层面讨论政府补助对农户、农场主和农业企业的影响，研究的问题多是农业补助对技术效率、环境、生物多样性等的影响，研究角度多元化，但由于各国农业发展情况和农业政策不同，相关研究结论并不一致，同时，国外从微观层面研究政府补助对涉农企业绩效的影响较少。

2.3.4.2 国内研究现状

国内有关政府补助与涉农企业绩效的关系研究主要集中于政府补助对企业财务（经营）绩效的影响，对于这种影响，不同学者的实证结果分歧比较大。

有一种观点认为，政府补助对涉农公司财务绩效有正向促进作用。范黎波等（2012）以 2006~2010 年 A 股 45 家农业上市公司数据为样本，采用柯布—道格拉斯函数计算的全要素生产率来衡量公司财务绩效，通过多元回归分析法研究表明，政府补贴对农业上市公司财务绩效呈显著的正向影响，原因是政府补贴作为一种无偿流入企业内部的资源，短期内能够改善农业上市公司的经营业绩。张天亮和姬亚岚（2016）以 50 家农业上市公司 2010~2014 年的数据为样本，以主营业务收入作为企业财务绩效的衡量指标，采用面板回归分析法发现，政府补助从直接效应和间接效应两方面提升了农业企业的经营绩效，同时也促进了农业上市公司的研发投入增加，原因是政府补助可以补偿由于研发活动所产生的外部性问题和研发活动存在的风险和成本，激励企业进一步加大研发活动的投入，进而提高了企业的绩效。胡宜挺和梁丹霞（2017）以 2010~2014 年 A 股中农业产业龙头企业的上市公司为样本，通过多元回归分析，结果显示，政府补助促进了农业上市公司财务绩效的提升，并且企业在具有良好的公司治理水平环境下，政府补助对企业财务绩效的效果更好。

但是，更多的研究认为，政府补助对涉农企业的财务绩效影响是负面的，尤其是对长期财务绩效。国内较早探讨政府补助与农业上市公司绩效关系问题的研究是沈晓明等（2002），该研究以 A 股 59 家农业上市公司为样本，采用统计分析法对数据进行分析，发现农业上市公司普遍获得了政府补助，对农业上市公司利润影响较大，形成了农业上市公司绩效对补贴收入的依赖程度较大的局面，并且在总体上，政府补助对公司绩效的影响是消极和长远的，公司的真实盈利能力很差，丧失了持续发展能力和市场竞争能力，研究认为造成这种情况的原因是，世界贸易组织（WTO）规则对农业公司产生巨大影响、农业公司自身规模不足、公司价值判断标准改变和行业结构调整等，进而提出为了应对我国农业上市公司面临的挑战，需要调整农业上市公司和政府之间的关系，利用市场化的手段来提高补贴的效率。沈晓明（2002）进一步应用规范研究法提出，农业上市公司对补贴收入的依赖程度很大，农业上市公司主营业务的盈利能力较差的主要原因是，我国农业产业化经营存在着制度性缺陷，农业产业化企业实行的是外部一体化组织体制，具有市场盈利的目标，导致农业公司与农民争利，而政府为了提高农民收入，对农业公司进行财政补贴以诱使公司让利，使农业公司主业进取的锐意逐渐钝化，从而导致农业公司经营业绩较低。要改变这种状况，就要对我国农业产业化政策的目标进行修正。

汤新华（2003）以 A 股 45 家农业（农、林、牧、渔）上市公司 1999～2001 年的年报数据为样本，采用统计分析与财务分析的方法，利用补贴收入覆盖面指标衡量政府补助强度，发现大多数农业上市公司均程度不同地获得了政府补助，补贴收入对农业公司利润的贡献程度越来越大，农业上市公司对补贴收入的依赖程度不断加大，与 A 股所有公司相比较，农业上市公司的补贴水平大大高于 A 股整体平均水平，但农业上市公司的整体业绩却出现大幅下滑现象。

林万龙和张莉琴（2004）认为，财政补贴分为专向性补贴和非专向性补贴两类，通过获取 A 股 58 家农业上市公司 2000～2002 年的财务数据，利用多元回归分析发现，针对特定农业公司的专向性财政补贴政策对公司业务扩张的作用不明显，这说明，我国农业产业化龙头企业的扶持政策缺乏效率，政府补贴、所得税减免等扶持政策对公司业务增长无明显促进作用，出现这种情况的原因，笔者认为是，只有与政府关系密切的农业公司才能争取得到龙头企业的名额，由于信息不对称和寻租现象的存在，政府无法区分好企业和坏企业，从而导致补助资金使用效率低下，我国政府对农业龙头公司继续进行扶持的理由并不充分。

邹彩芬等（2006）以 36 家农业上市公司 1998～2003 年的会计报表数据为样本，从经营效率、盈利能力、杠杆比率和成长性四个角度来衡量农业上市公司的经营业绩，通过多元回归发现，获得政府补助的当年，大量现金流量的流入，使农业上市公司偿债能力提高，但对企业盈利能力没有影响，原因是政府补助造成了企业盈利的假象，助长了管理者偷懒行为，加深了企业对政府补助的依赖。

彭熠和胡剑锋（2009）以 2002～2004 年 34 家农业上市公司的报表数据为样本，首先，通过描述性统计分析法发现，农业上市公司的政府补助无论在广度和深度方面都比其他行业上市公司表现突出，这表明国家对农业的扶持力度不断加强，其次，以因子分析法计算出综合绩效指标作为衡量农业上市公司绩效的指标，采用多元回归分析法发现，政府补助与农业上市公司的综合绩效呈正相关关系，但学者认为这是一种表象，与现实情况不符，在控制政府补助对盈利的影响后，政府补助对综合绩效的影响就不显著。

张京京和孟全省（2010）以 2006~2009 年 A 股 37 家农业上市公司为样本，采用面板数据随机效应模型分析方法认为，政府补助虽然能够提高农业上市公司获利能力，但影响程度很小，企业价值提升主要靠主营业务和负债融资实现，农业企业依赖外部扶持很难正常和持续发展。

范黎波等（2012）认为，如果没有相应资金使用规范和激励机制，政府补贴带来的业绩增长是一种假象，掩盖了企业短期面临的困境，极易养成企业对政府补贴依赖的惰性，最终会导致业绩下降，使农业上市公司积贫积弱。

崔宝玉和刘学（2014）从 2007~2009 年国家级龙头企业统计报表数据库中筛选了 482 家样本企业，从财务绩效、税收绩效、社会绩效和综合绩效四个角度来衡量财政补贴对企业绩效的影响，利用因子分析程序，得到了四个绩效的结果，并进一步利用面板数据分析了包括财政补助在内的财税政策对绩效的影响，发现财政补贴对企业的扶持效果较差，对企业财务绩效有显著的正向影响，从总体上来看，财税扶持政策没有实现通过扶持龙头企业最终扶持农民的政策设计目标，另外，对公有制农业龙头企业的扶持没有促进其财务绩效提升，反而有促退的效应。

金玉健等（2016）以 42 家农业上市公司 2007~2014 年的财务数据为样本，以净资产收益率（ROE）和 Z 值分别作为衡量农业上市公司经营收益和经营风险的变量，采用面板数据固定效应分析认为，政府补助不能够显著提高农业上市公司的盈利能力，原因是政府补助资金虽然注入企业了，但没有被充分利用于技术研发等方面，政府补助的作用是无效率的。另外，政府补助与企业经营风险是正向关系，原因是政府补助资金被投入非农业的行业，增加了企业的协调成本和经营不确定性。

舒云（2017）以 2008~2015 年 A 股的涉农上市公司为研究样本，以企业的可持续增长率作为企业可持续发展能力的衡量指标，经过面板数据的回归分析认为，政府补助对涉农上市公司的可持续增长能力具有滞后影响，并且这种影响是负面的。

以上国内学者关于政府补助与农业企业财务绩效的关系研究，从结论上分为两类：一类研究认为，政府补助对农业公司财务绩效是正面的影响，但这一类的研究数量较少；另一类研究认为，政府补助对农业公司经营绩效，尤其是长期绩效的影响是负面的，尽管研究样本数量不一致，但持这一结论的研究数量较多，这说明，政府补助对农业上市公司经营绩效的负面影响已经得到学者的普遍认同。

但是，大部分的研究集中于政府补助对涉农企业的财务绩效影响，相关研究中的被解释变量大多是财务报表指标，侧重研究政府补助的经济后果，而从就业、技术研发、税收贡献和社会责任等角度研究政府补助对公司非财务绩效的影响的研究很少。虽然有学者对农业上市公司中政府补助对公司非财务绩效的影响进行研究，但研究主题和结论不一致。如崔宝玉和刘学（2014）认为，财政补贴对企业的扶持效果较差，对社会绩效的影响是负向。唐鑫和陈永丽（2016）以 2010~2014 年 66 家农业上市公司的数据为样本，用利益相关者责任指标综合得分来衡量农业上市公司的社会责任，发现政府补助对农业上市公司的社会责任有正向促进作用，政府可以通过政府补助来推动农业企业履行社会责任，但是这种激励作用仅在国有企业中比较明显，在非国有企业中的作用并不显著。

2.3.4.3　国内外研究现状评述

国外的相关研究表明，政府补助是各国对农业和农业企业进行支持的重要方式，促进了各国农业生产力的提高和总产出的增加，提升了农业的就业率，在一定程度上提高了农业企业的盈利能力。但是，近年国外相关研究转向政府补助所带来的负面效应，相关研究认为政府补助带来了农业企业效率的降低，导致农业企业技术效率低下，甚至会不利于环境保护和生物多样性。

我国对于涉农企业政府补助的研究较晚，研究论文数量相比其他行业的政府补助研究论文少。从上述研究的梳理中可以看出，我国目前对涉农企业政府补助的研究较多集中于政府补助对企业财务绩效的影响，即政府补助的经济后果。从研究样本来看，多以 A 股农林牧渔业上市公司为主，个别研究以农业产业化龙头企业为样本；从研究方法来看，主要以多元回归分析法为主。政府补助对企业财务绩效影响的结论存在分歧，有的研究认为，政府补助会促进农业企业经营绩效（范黎波等，2012；张天亮等，2016；胡宜挺和梁丹霞，2017）；有的研究认为，政府补助对农业企业财务绩效的影响是负面的（沈晓明等，2002；林万龙等，2004；邹彩凤等，2006；彭熠等，2009；张京京等，2010；崔宝玉等，2014；金玉健等，2016；舒云，2017），政府补助对农业企业技术研发、就业、社会责任、税收贡献等非财务绩效影响的研究虽有涉及，但相比其他行业，研究论文较少。

事实上，政府补助政策是政府宏观经济政策的构成内容之一，对于农业企业的政府补助政策，兼具财务目标和非财务目标，现有研究在取得较丰富的成果同时，也存在研究角度单一和结论不同的问题，研究样本选择雷同，多数研究局限于核心农业（农林牧渔业）的上市公司，尚未形成针对涉农企业政府补助的研究体系，尤其是欠缺政府补助对涉农企业非财务绩效影响的研究。

2.4　本章小结

本章是本书研究的理论基础，主要内容如下：

（1）对涉农上市公司、政府补助、财务绩效和非财务绩效的概念进行了界定，明确了本书研究对象，限定了本书研究范围。

（2）从外部性理论、战略性贸易政策理论、技术创新理论和信息不对称理论四个方面阐述了政府补助的理论基础，并对这些理论对政府补助的影响进行了分析。

（3）对政府补助的相关国内外文献进行了回顾和评述，主要有政府补助的动机研究、政府补助的企业特征研究、政府补助对公司绩效的影响研究，其中重点综述了涉农公司的政府补助与公司绩效影响研究，进一步明确了本书的研究视角。

❸

涉农公司政府补助的制度背景

3.1 改革开放以来我国农业补助 制度的发展历史与现状分析

长期以来，我国政府对农业和粮食安全非常重视，把农业的发展定位于国家战略的高度，对农业实施了各种支持和补助政策。我国农业补助制度始发于20世纪50年代的《国营拖拉机站亏损补贴办法》，核定机耕作业每标准亩亏损补贴0.3元，之后补助范围逐渐扩展到农用生产资料的价格补贴、农业生产用电补贴、贷款贴息补贴等方面，补助资金也逐渐增长，从1950年到1978年，我国政府对农业补贴资金为3000亿元，但以农业税的形式从农业抽取6000亿元，事实上是一种负补贴。

改革开放以来，我国农业补助政策主要经历了以价格干预为主的间接补助阶段和以"四减免、四补贴"为主的直接补助阶段。

3.1.1 以价格干预为主的间接补助阶段（1978~2003年）

1979年，我国政府决定粮食统购价格提高20%，超购加价30%，但同时，国家粮食的销售价格维持原低价，这种政策既补贴了农民，也补贴了城镇居民和粮食购销企业。但是，这种政策导致政府财政负担加大，而农民受益有限。1985年，我国政府决定取消实行了32年的粮食统购制度，改为合同定购，定购以外的粮食可以自由上市，如市场价低于统购价，国家按原统购价敞开收购，从此，我国粮食流通体制进入"双轨制"时期，同时，实行定购平价化肥、柴油和预购定金三者挂钩的生产性补贴方式。1993年，我国全面放开粮价，建立粮食风险基金，农业补贴由补贴粮食企业经营费用和购销差价转向以粮食风险基金为主要形式补贴粮食企业等流通环节，同时，改革"三挂钩"制度，将补贴的实物折算成现金一次性支付给种粮农民。

3.1.2 以"四减免、四补贴"为主的直接补助阶段（2004年以后）

1998年开始，我国农业政策发生重大改变，在1998年的《中共中央关于农业和农村工作若干重要问题的决定》中，提出把减少农民负担、增加农民收入作为2010年以前政府工作的指导原则。由此，维持和提高农民收入开始成为农业补贴政策的首要目标。2001年，我国试点实施退耕还林还草工程，首次对农民实施了大规模的直接补贴政策。2004年，在中央"一号文件"《关于促进农民增加收入若干政策的意见》中提出，采取"粮食直补制度、农资综合补贴、农机购置补贴和良种补贴"四种直接补助制度来提高农民种粮的积极性和增加农民收入。在逐渐减免农业税的基础上，2006年，我国全面取消农业税，同时，加强粮食风险基金对种粮农民的直接补贴，并对柴油、化肥等农业生产资料实施了农资补贴。

我国的农业补贴制度已经从以生产性补贴为主过渡到以流通性补贴为主，由以间接性补贴为主过渡到以直接性补贴为主，由以价格补贴为主过渡到以非价格补贴为主。随着我国经济实力的增强，对农业的补助金额和补助形式越来越多。

3.2 我国针对农户和涉农公司的政府补助制度演变与现状

我国农业补助政策在第一阶段主要是侧重粮食流通体制改革，对涉农企业的补助主要是针对进行粮食购销的企业，通过对农民生产资料的补贴，间接使相关涉农公司获得发展，但是，由于这一阶段的农业经营主体以农户为主，相关涉农公司较少，因此，对涉农公司的相关政府补助政策与资金也较少。

随着我国农业补助政策进入直接补助阶段，农业经营主体越来越多，既有国有企业，也有非国有企业，业务范围从农业生产资料到农产品加工。从 2004 年开始，我国农业补助政策在强调对农户直接补助的同时，也加强了对农业企业的补助，这一政策变化可以从历年"中央一号"文件中看出，参见附录一。

3.2.1 我国针对农户的政府补助制度演变与现状

在农户补助方面，2004 年我国政府从粮食风险基金中拿出部分资金，用于粮食主产区种粮农民的直接补贴，开始了粮食直接补助制度的实行。从 2004 年至 2016 年，我国对农户的直接补助类型不断增加，主要有"四补贴"，即粮食直补、农资综合补贴、良种补贴和农机购置补贴，资金主要来源于中央财政资金或中央与地方财政共同出资，并且资金总额、补助覆盖范围和比例逐年加大。除此之外，我国还根据经济发展的不同阶段，采取了针对不同农业生产领域的补助制度，体现在各年的"一号文件"中，主要有 2004 年开始实施的农业保费补贴，2005 年开始的节水设备补贴和奶牛良种补贴，2006 年开始的土壤有机质提升补贴，2007 年对农户投资投劳的生活设施补贴，2008 年的生态补偿制度（草原、森林和水土保持），2009 年实施家电下乡补贴，2010 年提高林业生态补偿标准，2011 年实施公益性水利工程补贴，2012 年开始沙化土地封禁保护补助，2013 年启动低毒残留农药和高效缓释肥料使用补助，2014 年启动东北大豆、内蒙古大豆和新疆棉花目标价格补贴，2016 年实施休闲农业补贴和 2017 年提出健全生产者补贴制度。

从表 3-1 中可以看出，我国各项农业补助金额总体上保持稳定和逐年增加。从 2004 年到 2014 年，种粮直补稳定在 150 亿元左右，良种补助呈现逐年大幅上升态势，从 2004 年的 28.5 亿元增加至 2014 年的 220 亿元左右，农机购置补助从 2004 年的 0.7 亿元，大幅增加至 2014 年 230 亿元以上，农资综合补贴增长较快，2014 年稳定在 1000 亿元以上，另外畜禽良种补贴、能繁母猪补贴、渔业柴油补贴的金额也逐年增加，从补助内容上，这反映出我国的农业补助方向转向生产环节。同时，我国也重视生态和自然资源的可持续利用，草原生态奖补逐年增加至 2014 年的 150 亿元左右，退耕还林还草补助每年近 200 亿元。

单位：亿元

表3-1 我国历年农业补贴金额（2004～2014）

项目\年份	2004	2005	2006	2007	2008	2009	2010	2011	2012	2013	2014
一、生产直接补贴	—	—	—	—	—	—	—	—	—	—	—
1. 种粮直补	116	132	142	151	151	190	151	151	151	151	151
2. 良种补贴	28.5	38.7	41.5	66.6	124	198.5	204	220	224	226	215
3. 农机购置补贴	0.7	3	6	20	40	130	155	175	215	217.5	237
4. 农资综合补贴	0	0	0	276	482	756	860	835	1078	1071	1071
5. 畜禽良种补贴	10.1	10.1	9.5	5.6	8.1	9.9	9.9	9.9	12.1	12	
6. 能繁母猪补贴	18.4	19.8	20.3	19.6	20	19.8	6.5	22.2	22.2		
7. 渔业柴油补贴	0	0	28.9	95	126.4	104.7	104.6	171.7	240		
二、技术与服务补助								90.8	119.8		
1. 关键技术补助	5	5.5	5	3	5			40	61		
2. 农民培训补助						11	11	11	11	11	
3. 动物防疫补助	8.2	15.7	19.4	13.1	10.7	21.7	37.2	39.8	47.8		
三、灾害救助								103	91		
1. 农业保险费补贴								103	91	126.88	
四、生态环境保护奖补	123.7	192	212	200	249	200	428.7	336.6	350.6		
1. 草原生态奖补	0	0	0	0	0	0	136	136.6	150.6	159.46	157.69
2. 退耕还草补助	123.7	192	212	200	249	200	292.7	200	200	200	200
五、财政收入	11693	14884	18303.6	51321.8	61330.3	68477	83080	103740	117210	129209	140350

资料来源：根据历年《中国农业年鉴》整理。

从以上内容可以看出，我国已经形成以农户为主要对象、以"四减免、四补贴"为核心、以特定补助为辅的农业支持和补助制度。农业补助制度是以构建粮食安全和提高农民收入为目标的，但存在补贴效果较弱、管理效率低下、补贴范围侧重数量增长、补贴资金分散等问题。农业支持水平还处于较低水平，2015 年中国各项农业补助合计 1.5 万亿元，占财政收入的 10% 左右，远低于欧、美、日等国 20%~60% 的补贴水平，也低于巴基斯坦、泰国、印度、巴西等发展中国家 10%~20% 的水平。世界贸易组织的相关规则共 12 种"绿箱"政策，我国仅使用了其中的 6 种计 20 项，收入保险计划、农业生产者退休或转业补贴等政策还处于空白，而"黄箱"政策允许的补贴规模还有很大利用空间。

3.2.2 我国针对涉农公司的政府补助制度演变与现状

在涉农公司的政府补助方面，2004 年以前，涉及涉农公司的补助制度较少，但随着我国农业补助制度转向以生产者为对象的直接补助制度改革和农业经营主体的多元化，有关涉农公司的补助制度也随之增加。这些制度在 2004 年以来的"一号文件"中多有表述，主要有 2004 年提出通过政府补助等手段建立和改造一批大型农产品加工、种子营销和农业科技型企业，对龙头农业企业可给予财政贴息；2005 年提出采取财政贴息方式支持粮食主产区农产品加工企业进行技术引进和改造；2006 年提出农业企业建立科技研发中心可享受政府扶持；2007 年提出鼓励涉农公司进行技术创新，享受税收减免优惠；2008 年提出支持涉农龙头企业开展技术研发、节能减排和基地建设；2009 年利用农业专业化专项资金重点支持对农户带动强的涉农龙头企业；2010 年提出支持涉农龙头企业应对国际贸易壁垒；2012 年提出对涉农公司落实税收优惠、研发费用加计扣除和高新技术优惠等政策，支持和鼓励涉农公司进行技术研发，承担国家各类科技项目；2013 年提出对建设鲜活农产品仓储物流设施和兴办农产品加工企业给予补助；2014 年提出支持科研与企业联合研发，支持涉农公司在主板、创业板和新三板上市融资；2015 年提出加强农产品产地初加工补助政策、涉农公司研发引导政策和支持农资企业技术创新；2016 年提出鼓励发展农业高新技术企业，培育具有国际竞争力的种业公司，通过贴息等方式鼓励社会资本投向农村新业态；2017 年提出支持涉农公司跨国经营，采取后补助等方式支持涉农公司科技创新。

随着我国城镇化水平的提高，农业经营主体呈现多元化趋势，其中涉农公司是一支重要的力量。我国目前主要针对农户的农业直接补助制度，对涉农公司尤其是经营农业生产资料（种子、农药、化肥、农机）的涉农公司，起到的是直接和间接的支持作用，目前农业补助政策对涉农公司的支持主要体现在产地农产品加工企业、农业龙头企业和涉农上市公司方面，例如《国务院关于支持农业产业化龙头企业发展的意见》（国发〔2012〕10号）中提出较多的针对农业产业化龙头企业的政府补助支持政策，对涉农公司的政府补助形式主要有财政贴息、农业科技研发补助、上市补助等。但是，直接针对涉农公司的相关补助支持政策还较少，没有成体系的针对涉农公司的补助政策，补助规模不够，补助形式单一，这些限制了涉农公司的发展壮大。

3.3 我国政府补助准则及国际比较

随着经济全球化的深入，各国综合实力和跨国企业之间的竞争愈发激烈，在这个背景下，各国政府都在不断强化其在经济发展中的作用，一国政府提供的制度性基础设施对强化本国市场经济体制的良好运行发挥着重要作用。其中，政府补助是政府干预经济常用的一种直接手段。

但是，政府补助作为一种非经济的调控手段，对市场经济具有一定的负面影响，如产生寻租行为、滋生腐败；破坏公平竞争的市场环境；破坏证券市场的正常秩序；容易触犯世贸规则，引发反倾销诉讼和贸易战。因此，加强会计准则建设和强化信息披露规则，成为抑制政府补助对市场机制产生负面影响的重要手段之一，目前，各主要经济体都颁布和实施了相应的"政府补助准则"。

英国是最早发布政府补助准则的国家。1974年4月，英国发布了"标准会计实践第四号：政府补助会计"（下文简称SSAP4），后于1990年7月发布了修订版。随后，1981年9月，国际会计准则委员会（以下简称IASC）在借鉴英国会计准则和其他国家会计规范和惯例的基础上，发布了"第21号"征求意见稿，并于1983年4月正式发布了政府补助准则，1994年重排了格式，1990年和2001年分别进行了修订，2004年3月，IASC发布了第20号国际会计准则"政府补助的会计和政府援助的披露"（以下简称IAS20），同时发布了解释公告（以下简称SIC10）"政府援助：与经营活动没有特定联系的政府援助"。美国没有专门的政府补助准则，一般参照IAS20执行。

我国由于经济体制的原因，存在着数量、类型和规模庞大的针对企业的政府补助，相比其他国家，做好政府补助会计的核算和披露工作更为迫切。1993年的会计改革取消了"补贴收入"科目，1993年6月《工业企业会计制度若干问题的补充规定》又要求企业增设"应收补贴款"和"补贴收入"科目，1995年《合并会计报表暂行规定》又没有反映"补贴收入"，1998年《股份公司会计制度》正式确定了"补贴收入"科目，2001年《企业会计制度》中明确了补贴收入的定义。可以看出长期以来，我国政府补助会计拥有定义模糊不清、会计处理方式多变、披露方式不确定等特点，对政府补助的会计处理和披露存在一个逐步完善的过程。直到2006年，借鉴国际会计准则，发布了目前应用的《企业会计准则第16号——政府补助》(以下简称CAS16(2006))，并于2017年发布了修订版(以下简称CAS16(2017))。

综合以上内容，为了更好地完善和发展我国政府补助会计核算和信息披露，本书通过比较SSAP4、IAS20和CAS16（2017）这三个不同经济体发布的政府补助会计准则，以发现我国政府补助会计准则和其他政府补助会计准则的不同，为政策制定者后期进一步完善我国政府补助会计准则提供支持，并对本书后续分析打好基础。

3.3.1 政府补助会计准则的国际比较与分析

根据政府补助会计准则的内容，本文从政府补助的定义、适用范围、政府补助的确认条件、政府补助的分类、政府补助的计量金额、政府补助的会计核算、政府补助返还、政府补助的披露八个方面全面比较了我国政府补助会计准则CAS16（2017）和SSAP4与IAS20之间的异同。

3.3.1.1 政府补助的定义

政府补助会计准则主要是规范由政府给予的、盈利性企业收到的相关补助，与一般意义的针对不特定个体的补助不同，如针对农民的补助、针对弱势群体的困难补助等，因此，从定义上来说，首先需要明确三个问题：政府补助的本质是什么，政府的外延是什么，政府补助具体形式有哪些。

（1）政府补助的本质。

SSAP4中定义，政府补助是政府采取现金或资产的形式对企业进行"援助"，而企业要获得这种"援助"须满足或遵守一定的与其经营活动相关的条件。IAS20 中对政府补助的定义，吸收了 SSAP4 的观点，认为政府补助是政府对企业的"援助"，而获取这种"援助"需要企业以某种条件的经营活动来换取，并且，IAS20 还明确说明了无法合理定价的"援助"和与正常交易无法分清的企业与政府之间的交易不属于政府补助的范围。我国的 CAS16（2017）对政府补助定义比 SSAP4 和 IAS20 更宽泛，是从企业角度下的定义，把企业从政府那里无偿获得的各类资产都确定为政府补助。

从以上关于政府补助的定义可以看出，SSAP4 和 IAS20 都认为，政府补助本质上是一种政府援助，是政府对企业的支持或帮助。SSAP4 认为，政府援助（Government Assistance）有多种形式，如补助、权益融资、补贴贷款、咨询援助等，其具体形式的范围大于 CAS16。IAS20 中对政府援助还认为，政府提供基础设施或实施贸易保护政策这一类的间接利益不属于政府补助，只有政府专门对满足特定条件的某个企业或一系列企业提供的经济利益才是政府援助。

而我国的 CAS16 并没有明确政府补助的本质是政府援助，仅在 CAS16（2006）中明确说明了政府投入的资本不属于政府补助，强调了政府补助的特征具有无偿性。由于我国政府补助的规模庞大，CAS16 中这样的规定，有利于会计人员进行职业判断，区别政府补助与其他形式的政府支持。但是，由于没有明确说明政府补助的本质是来自政府的援助，易使企业认为政府补助是无条件的、免费的"午餐"，产生政府补助的寻租动机，从而使企业降低政府补助的使用效率；同时，也会导致各级政府通过政府补助干预经济，甚至引发部分政府官员利用政府补助"设租"，滋生腐败，影响了市场机制的发挥。

（2）政府的外延。

SSAP4 认为"政府"的定义很宽泛，不仅包括中央政府、各级地方或区域政府，还包括政府的代理机构和非官方公众组织（或半官方机构），也包括欧盟委员会和其他欧盟组织，还有其他国际组织和机构。IAS20 定义政府为政府、政府机构和地方、国家或国际的类似团体。总体上，二者对政府的外延界定基本一致，既包括一国政府及内部机构，也包括国际组织，但 SSAP4 的界定更明确、更清晰。

我国的 CAS16 没有对政府的外延进行明确的界定，仅在 CAS16（2006）的应用指南中笼统地提到政府包括各级政府及其所属机构和国际类似组织。另外，在 CAS16（2017）中，还包括了代收代付政府补助资金的其他方。显然，2017 年修订的政府补助准则对政府的外延界定更加模糊，加大了会计人员职业判断的自由度，这给企业利用政府补助进行盈余管理和地方政府利用政府补助进行利益输送留下了操作空间。

（3）政府补助的形式。

SSAP4没有给出具体的政府补助形式，仅在其引言中提到，政府补助的范围非常广泛并且随着政策的变化而不断变化。IAS20也同样没有对政府补助的具体形式进行具体说明，但在表述上用排除法说明了什么不应该确认为政府补助的内容，主要有以利益形式提供给企业的政府援助（如所得税减免、投资税减免、加速折旧所产生的税项减免和降低所得税率等）和政府对企业的投资。

我国的CAS16没有对政府补助的形式进行解释或说明，但在CAS16的"应用指南"中指出政府补助的主要形式有财政拨款、财政贴息、税收返还、无偿划拨非货币性资产。

政府补助的形式在企业实践中具有种类复杂、随政府政策而变的特点，所以对政府补助的具体形式不应该、也没办法作具体规定。SSAP4和IAS20在这方面做得比较好，确定了不属于政府补助形式的情况，而对政府补助的具体形式没有限定，这样有利于发挥会计人员职业判断的作用，使准则可以较长时期被应用，而不必不断修正准则，比如SSAP4在1990年7月修订后，一直应用；而我国CAS16的应用指南对政府补助的形式作了具体限定，虽然方便和简化了会计人员的会计处理，但不利于准则在未来政府政策变化后的应用，不利于会计人员职业判断作用的发挥，随着国家政策的调整，需要不断修订准则或应用指南，CAS16在2017年进行了较大的修订，就是由于CAS16（2006）10年来在实务中的应用暴露很多问题。

3.3.1.2　适用范围

政府补助准则的适用范围是指政府补助准则在哪些方面适用，或易与政府补助混淆的经济事项应适用何种会计准则。

SSAP4规定，除了小型企业应适用《小型报告主体财务报告准则》外，其他的报告主体都应遵守SSAP4。也就是说，SSAP4适用于除小企业之外的企业。IAS20没有明确规定政府补助准则的适用企业范围。

我国的CAS16也没有规定适用范围，但在CAS16（2006）中说明债务豁免和所得税减免不适用本准则，在CAS16（2017）中特别指出，企业从政府获得的经济资源如果与企业销售的商品或提供的劳务有密切的关系，并且这种经济资源是商品或劳务对价的构成部分时，其本质上是商品的交易行为，应适用《企业会计准则第 14 号——收入》。实际上，我国于 2011 年发布的《小企业会计准则》和国际会计准则理事会（以下简称 IASB）于 2009 年发布的《中小主体国际财务报告准则》中，也有对政府补助的规定，所以，从适用上来看，CAS16 和 IAS20 不够明确。相比起来，SSAP4 的适用范围规定更加明确和具有操作性，而 CAS16 和 IAS20 没有区分小型企业和大型企业的适用范围，易导致会计人员在实务处理中出现选择适用的会计准则混乱的情况。

3.3.1.3 政府补助的确认条件

一项经济事项被确认为政府补助，需要有相应的条件和会计人员恰当的职业判断。SSAP4、IAS20 和 CAS16 在政府补助的确认条件上基本一致，只有企业满足获得政府补助所附条件并且能够收到政府补助时，才能确认政府补助。

我国的 CAS16 在定义中明确规定政府补助特征具有"无偿性"，即企业获得政府补助后，政府不要求企业未来付出相应的、以货币形式表现的代价，但这易导致企业管理人员错误理解为企业可以不用付出任何代价和成本就可以得到政府补助，是来自政府的"免费午餐"。而在会计确认时，政府补助的确认需要满足上述两个条件，尤其是政府设定的获得政府补助的条件，大多与技术研发、促进就业、经济增长、产业结构调整等相关。这样导致无偿性与条件性在实务中产生了矛盾。

在这个问题上，IAS20 做得比较好，它把政府补助看成是一项企业与政府之间的"交易"。IAS20 特别强调企业必须符合补助所附的条件，认为企业收到一笔补助资金本身并不能说明该事项是政府补助，要有充分证据证明补助所附带的条件已经（或即将）满足，一项经济事项才能最终被确认为政府补助。在政府补助的确认中，能否满足政府设定的条件，就成为会计人员首先要考量的事情。SSAP4 还特别指出，获得政府补助的企业应定期检查补助确认条件不被实现的可能性。可以说，政府补助附带的条件成为区别政府补助与其他经济事项的重要标准。

3.3.1.4 政府补助的分类

会计上，可以从两个角度对政府补助进行分类。

从政府补助是否形成长期资产的角度分为与资产相关的政府补助和与收益相关的补助。IAS20 和我国的 CAS16 都采取这种方法来对政府补助进行分类，而 SSAP4 没有明确的说明。

从政府补助是否附加条件角度分为，附条件的政府补助和不附条件的政府补助。对于政府补助的附加条件，我国的 CAS16 没有相关的表述，SSAP4 也没有明确的说明，只要政府补助满足确认的两个条件即可。而 IAS20 对此有较多的表述。IAS20 认为与资产相关的补助还可能有额外的附加条件，比如限制资产的类型或所处的位置，是否购买或持有这些资产等。

需要引起注意的是，2000 年 12 月发布的《国际会计准则第 41 号——农业》（以下简称 IAS41）将政府补助分为附条件的政府补助和不附条件的政府补助。根据近年国际会计准则委员会的会议精神，IAS41 对政府补助的分类方法越来越受到关注，成为修订 IAS20 的趋势，比如在 2004 年 7 月的国际会计准则委员会会议上，提到用 IAS41 中的政府补助原则代替 IAS20，并认为应该为"条件"增加一个定义，即条件是一种约束，以确保特定的未来事件发生或没有发生时政府收回补助。

因此，我国政府补助准则进行修订时，应借鉴 IAS20 和 IAS41 的做法，从是否附加条件的角度对政府补助的类型进行进一步细化，以适应实务中的特殊情况。

3.3.1.5　政府补助的计量金额

政府补助的计量要区分货币性资产与非货币性资产。IAS20 与我国的 CAS16 在政府补助的计量上，都一致规定，如企业收到或应收的政府补助是货币性资产，就按其金额计量；如企业收到或应收的政府补助是非货币性资产，就按公允价值计量；如公允价值无法取得，就按名义金额计量。SSAP4 也要求对非货币性资产采用公允价值计量，但没有规定无法取得公允价值时采用何种计量方式。

名义金额的计量方式是 CAS16 中独有的一种计量方式，我国的《企业会计准则第 16 号——政府补助》应用指南中明确规定，名义金额为 1 元。事实上，自从 CAS16 实施以来，在上市公司中，鲜有对政府补助以名义金额方式计量，说明这种计量方式在实务中并不具有可行性。

3.3.1.6　政府补助的会计核算

对政府补助的会计核算方法有两种观点：一种观点是资本法，即将政府补助确认为所有者权益项目，并在资产负债表中披露；另一种观点是收益法，即将政府补助在某一会计期间或某几个会计期间内确认为收益，并在利润表中披露。目前，各主流会计准则均采用了收益法的观点。

IAS20 没有明确地提出总额法和净额法，但事实上，IAS20 认为不同的情况要灵活选择不同的方法。具体核算方法：如政府补助是为了弥补企业以前年度发生的费用或为了立即向企业提供财务支持时，则在业务发生当期确认为收入；如政府补助是为了支持企业一段时期内的一系列活动，在收到政府补助发生当期确认为收入。根据固定资产的折旧政策，在其经济寿命期内分期计入利润表，从实物资产的购买价格或生产成本中扣除政府补助部分。IAS20 认为，这两种方法不影响企业的净收益，因此都可以使用。但是 IAS20 总体上倾向于支持收益法，要求应按准则的要求在相应的会计期间内把确认的政府补助确认为收益，并与其相关的、需要弥补的费用配比。IAS20 特别强调指出，政府补助不应该直接贷记为股东权益。

SSAP4 允许企业在核算涉及固定资产的补助时，总额法和净额法都可以采用。认为如果政府补助被确认为递延收益，应根据固定资产的折旧政策所确定的方法，在其经济寿命期内分期计入损益表中，即应用的是总额法。SSAP4 还规定，也可以采用政府补助部分抵减固定资产的购买价格或生产成本，即应用的是净额法。但是，SSAP4 中也提示，对于净额法的使用，英国"会计团体咨询委员会"（简称 CCAB）收到法律顾问的意见认为，英国公司法相关条款禁止把政府补助从固定资产的取得成本中扣除。

从历史上来看，我国的政府补助相关会计核算规定对采用资本法还是权益法，处于不断变化中，如 1993 年 6 月 10 日财政部发布的《工业企业会计制度若干问题的补充规定》中要求，企业应增设"应收补贴款"和"补贴收入"科目，同年 6 月 21 日发布的《商品流通企业有关会计处理补充规定》中也有同样的要求。以上两个规定事实上主张采用收益法来核算政府补助。但在 2002 年 11 月出台的《企业会计准则——政府补助和政府援助》（征求意见稿）中又规定，企业可以按补助的目的来决定是采用资本法还是收益法，即资本法与收益法同时并存。

2006 年发布的会计准则 CAS16 最终确定，政府补助的会计核算采用收益法，并在 2017 年的 CAS16 修订中进一步明确，所以，我国政府补助准则的会计核算方法与国际主要会计准则总体上保持一致。

在收益法的前提下，CAS16 确定的会计核算方法比 IAS20 和 SSAP4 规定的更加具体。CAS16 对与资产相关的政府补助具体入账方法又分为两类：一类是总额法，即与资产相关的政府补助可以全额确认为递延收益，并在资产的使用寿命期内按合理和系统的方法（采用直线法或加速折旧法）分期计入当年损益，政府补助如以名义金额（1元）计量，由于其只是一种象征意义，准则要求可直接计入当期损益；另一类是净额法，即与资产相关的政府补助可以在取得时冲减资产的账面价值。而对于与收益相关的政府补助，CAS16要求区分其是补偿以后期间发生的还是已经发生的成本费用或损失，分别计入递延收益或计入当期损益。

另外，为了回应实务界对CAS16（2006）应用中关于政策性贷款贴息的会计处理规范不足的问题，修订后的政府补助准则CAS16（2017）对政策性贷款贴息的会计处理进行了详细的说明，这一点在SSAP4和IAS20中是没有的。

综上所述可以看出，我国会计准则与国际主要会计准则都采用了收益法，而资本法被各国准则制定者摒弃。SSAP4和IAS20对总额法和净额法的使用比较宽松，由会计人员进行职业判断；而我国的政府补助准则在总额法和净额法的使用上还比较谨慎，没有给予会计人员更多的职业判断空间。事实上，总额法与净额法对企业盈利来说并没有实质上的影响，两种方法没有本质区别，在财务报告附注中说明采用的方法，即可帮助会计报告使用者了解该事项的经济实质。并且，我国的政府补助准则CAS16在2017年修订后，相关会计处理的规范更加具体，有利于实务界的操作和使用，但也失去了准则的灵活性，随着国家相关补助政策的推出和调整，实务处理中新问题的出现，未来可能需要不断修订准则。

3.3.1.7　政府补助的退回

政府补助的退回（或称返还）是指企业收到的已经进行会计确认的政府补助，由于后续事件发展导致不具备政府补助的确认条件而进行的会计处理。

对于政府补助的退回，IAS20规定，政府补助被退回时，应作为会计变更来处理，参照国际会计准则第8号"本期净损益、基本错误和会计政策的变更"（以下简称IAS8）处理。在具体的会计处理方式上，IAS20规定，如果退回的是与收益有关的政府补助，冲减确认的递延收益的未摊销余额；如果企业退回的金额超过了未摊销的递延收益金额，或递延收益已经摊销完毕时，退回的金额确认为当期费用；如果退回的是与资产有关的政府补助，按照返还金额减少递延收益的余额（总额法）或增加相应资产的账面金额（净额法）。

SSAP4没有规定政府补助退回时的具体会计处理，但规定，退回政府补实际上会导致企业形成潜在的负债，并且在企业存在退回的可能性时，企业可以按《SSAP18：或有负债会计》处理，并对这种潜在损失披露。

CAS16（2017）规定政府补助退回的会计处理与IAS20完全一致，根据政府补助的初始确认是总额法还是净额法作相应会计处理。

从以上比较可以看出，SSAP4把退回的政府补助看作企业由于过去没有履行政府补助的条件而导致未来经济利益的流出，符合负债的确认条件，具有一定的合理性。我国的政府补助准则CAS16对政府补助退回的会计处理虽没有明确提出按会计变更处理，但从其具体的会计处理方法上来看，是和IAS20一样按会计变更处理。

本书认为，把政府补助的退回看成负债更符合经济本质，原因是在政府补助确认时，政府补助实质是政府与企业基于一定条件下的交换，当企业没有满足或达到政府规定的条件时，政府要求企业退回全部或部分补助资金，本身具有一定的强制性，是企业的现时义务，需要未来以经济利益的流出来偿还，符合负债的定义，因此，在政府做出要求企业退回政府补助的决议时，企业在会计处理上应先确认为负债，实际支付时再计入当期损益。

3.3.1.8　政府补助的披露

政府补助由于其会计确认需要会计人员的职业判断，而在会计处理上是利润表中列示，因此在实务中成为企业扭亏为盈和调控利润的"利器"。加强政府补助的信息披露，有利于报表使用者更好地理解企业的资产状况和收益质量。由于我国会计准则与英国会计准则、国际会计准则对政府补助所采取的会计政策有所不同，所以在披露（揭示）的内容上也有所差别。

IAS20认为，需要披露政府补助采用的会计政策，包括政府补助在财务报表中采用的呈报方式，说明政府补助的性质、范围和形式，尤其是要说明确认政府援助的附加条件是什么及其满足程度。

SSAP4要求披露的内容较详细，主要有：①政府补助采用的会计政策和明确的会计方法，损益表应披露当期和到目前为止累计收到的补助数量、金额和类型；②由于政府补助的确认对当期或未来期间损益表发生实质性影响，因此必须披露这种影响导致的企业财务地位的变化；③类似咨询服务、顾问服务、补贴贷款、信用担保等政府援助，一旦对当期有实质性影响并可计量，就要披露这种影响。

修订后的CAS16（2017）比CAS16（2006）在列报上要求披露的内容有

较大改变，除了 CAS16（2006）要求的在报告附注中披露政府补助的种类和金额、计入本期损益的政府补助金额和本期退回的政府补助金额及原因三项内容外，CAS16（2007）还增加了要披露政府补助的列报项目的具体内容和在利润表的"营业利润"项目上单独设立"其他收益"项目。

从上述比较可以看出，SSAP4 对政府补助信息披露的规定最全面，不仅包括了 CAS16 要求披露的内容，还侧重于披露政府补助对报表的影响，这样更有利于报表使用者理解企业的损益。IAS20 和 CAS16 对政府补助的披露基本一致且比较简单，报表使用者很难从披露中得到有价值的信息。另外，IAS20 和 SSAP4 都要求披露政府援助的相关信息，而 CAS16 没有这方面的要求。

但是修订的政府补助准则 CAS16（2017）发生的重大变化是，把政府补助确认的收益从以前的"营业外收入"项目下独立出来，单独在"其他收益"项目中列示，并作为营业利润的组成部分，从而使企业的利润构成更加明确，也更有利于报表使用者对企业盈利能力的判断，提高了利润表信息的有用性。

3.3.2 政府补助准则的国际比较对我国政府补助准则的启示

通过以上政府补助准则的国际比较，可以看出，我国政府补助准则（CAS16）已经与 IAS20 具有高度趋同性，但与发达经济体的政府补助准则相比，还是具有一定的差异，本节根据上述的比较分析，提出未来完善我国政府补助准则的相应启示。

3.3.2.1 明确政府补助的定义和适用范围

首先，明确和修改政府补助定义中"无偿"的表述。政府补助的本质应是政府与企业之间的交换，政府为实现其社会利益最大化目标，通过转移经济利益于特定企业来实现，而特定企业要想获得政府补助，前提是需要满足政府设定的条件，实现相应的目标，因此，政府补助不是无偿的，而是附有一定条件的。我国政府补助定义中对"无偿"表述不够准确，IAS20 和 SSAP4 中对政府补助所下定义强调的是，政府对企业的资助是有条件的，而不是"无偿"，所以应借鉴 IAS20 的对政府补助所下的定义，淡化或明确"无偿"的表述。

其次，制定专门的"政府援助"准则，以与政府补助准则相配套。SSAP4

和 IAS20 中都有对政府不设定条件而对企业进行"援助"的条款，而我国的会计准则中没有相关规范。随着我国经济结构的调整，有一些企业，尤其是关系民生的国有企业或社会影响较大的企业可能会破产，成为"僵尸企业"，政府不得不进行救助或援助时，将无法找到适用的准则，因此需要在未来的准则修订时增加有关政府援助的内容。

最后，要明确 CAS16 的适用范围为大中型企业，目的是与《小企业会计准则》的相关条款相区别，增加准则的适用性。

3.3.2.2 明确政府补助的确认条件

政府补助不应是"免费的午餐"，企业能够获得政府补助资金，必须要符合政府设定的特定条件，所以应借鉴 IAS20 和 SSAP4 的做法，把企业是否满足政府设定的条件作为政府补助的确认条件，也就是说，不满足或在政府没有设定条件下企业所获得的非权益性政府资金，其实质上是"政府援助"。

3.3.2.3 取消名义金额计量法

名义金额计量法是在 IAS20 中提出的在公允价值无法获取时采取的一种变通的办法，其目的是使资产在账面上反映，避免资产的流失，为未来取得该资产的公允价值进行追溯账务处理时留下接口。但是，在 CAS16 和"指南"中并没说明什么情况是无法获取公允价值的，这就需要会计师的职业判断，计量方法选择的主观性，给企业留下利润调控的空间；另外，名义金额计量法并不具有可操作性，在现实中很少有难以取得公允价值的情况，随着估值理论和方法的发展，即使资产不存在活跃市场，也可以通过折现现金流量法、实物期权法等来获得其公允价值；最后，以 1 元的名义金额来对资产进行计价，在报表中的列示会显得很奇怪，人为扭曲了报表的信息，使报表使用者难以理解。

3.3.2.4 加大政府补助的信息披露力度

政府补助会直接增加企业的当期收益或资产规模，如果金额巨大，会歪曲企业的报表信息，对投资人产生误导，上市公司也有动机利用政府补助积极进行盈余管理，相关的实证研究也证实了这一点。目前政府补助准则侧重会计核算，而对信息披露的要求不足，应加大政府补助准则的信息披露力度，如披露企业当年收到政府补助占当年利润总额的比重；披露企业扣除政府补助后的净利润；披露政府补助附加的条件；披露尚未履行条件的政府补助对未来企业财务业绩的影响；等等。

3.4 本章小结

本章是本书的制度背景，主要内容如下：

（1）简要梳理了我国改革开放以来农业补助制度的发展历史和现状。

（2）进一步回顾和分析了我国针对农户和涉农公司这两个主要的农业经营主体的政府补助制度和政策的演变过程和现状。

（3）以我国 2017 年修订的新政府补助准则、国际会计准则中的政府补助准则和英国会计准则中政府补助准则为研究对象，从政府补助定义等八个方面比较了三套准则的异同点，并提出了进一步完善我国政府补助准则的启示。

❹
涉农上市公司政府补助现状分析

本书的研究对象是涉农上市公司的政府补助，因此，为了更全面了解研究对象，揭示涉农上市公司及其获得的政府补助特征，本章从涉农上市公司政府补助的行业分布、地区分布、产权性质分布和补助形式四个方面进行现状分析。

4.1 涉农上市公司政府补助行业分布

根据证监会 2012 年修订的《上市公司行业分类指引》，我国涉农上市公司主要分布在 A 门类农、林、牧、渔业，C 门类制造业下的农副食品加工业和食品制造业，另外从其他制造业中选择了化肥农药企业和农业机械企业。具体涉农上市公司的行业分布如表 4-1 所示。

表 4-1　涉农上市公司行业分布总体情况

序号	1	2	3	4	5	
行业	农林牧渔业	农副食品加工业	食品制造业	农药化肥	农机	合计
上市公司数量（家）	45	45	40	45	12	187

注：根据 WIND 数据库整理，截至 2016 年 12 月 31 日，行业分类标准采用证监会行业分类标准。

从表 4-1 可以看出，我国涉农上市公司的数量还比较少，在 A 股上市公司中总共有 187 家，截至 2016 年 12 月 31 日，涉农上市公司占全部 A 股上市公司数量的比例仅有 5.33%。

表 4-2　涉农上市公司政府补助行业描述统计

行业	样本量	平均值（万元）	标准差	最小值（万元）	最大值（万元）	合计（万元）
农林牧渔业	389	1701	2637	2.1	20980	661946.2
农副食品加工业	355	1879	3646	1.1	33295	667357.1
食品制造业	322	2911	8712	0.5	105826	937595.8
农药化肥	413	2126	3227	6	26069	878086.1
农机	97	3121	6942	5	52521	302765.8
总体行业	1567	2187	5106	0.5	105626	3447751

如表 4-2 所示，从 2007~2016 年不同涉农行业的补助情况来看，获得政府补助总额最高的涉农上市公司行业是食品制造业，10 年共获得政府补助达到 93.7 亿元，占整个涉农行业上市公司获得政府补助的 27%，其次是农药化肥业的上市公司，达 87 亿元，占比 25%，两个行业获得的政府补助超过 50%；从各涉农行业获得的政府补助平均值来看，10 年来平均每年获得政府补助最多的行业是农机行业（3121 万元），其次是食品制造行业（2911 万元），而农林牧渔业的平均年政府补助最少，仅有 1701 万元。伊利股份（600887）2016 年获得的政府补助最多，达到 10.5826 亿元，主要由不同地区伊利股份子公司获得的地方政府给予的基建和资产的补贴款、政府给予的科研项目资金构成。获得政府补助最少的是量子生物（300149），在其成立的早期（2008 年）仅获得 0.5 万元的政府补助。

表 4-3 揭示了政府补助差异性检验。Mean 检验（Student Test）结果表明，非农机涉农行业的政府补助均值显著低于农机行业的政府补助均值，非农林牧渔业的政府补助均值显著高于农林牧渔业的政府补助均值，而农林牧渔业的政府补助均值显著低于农机行业；Median 检验（Kruskal-Wallis Test）结果表明，不同涉农行业的政府补助中位数并不具有显著性差异；而 ANOVA 检验结果表明，农林牧渔业与非农林牧渔业、农机行业的政府补助具有显著差异，而农机行业与非农机行业的政府补助差异不显著。总之，以上差异性分析表明，从总体上，各涉农行业获得的政府补助具有较大的差异性，农林牧渔业的政府补助水平显著低于其他涉农行业，农机行业获得的补助水平最高。

表 4-3　不同涉农行业上市公司获得的政府补助差异性检验

Mean 检验（Student Test）	T 值	Ha：diff < 0 Pr（T < t）	Ha：diff！= 0 Pr（｜T｜>｜t｜）	Ha：diff > 0 Pr（T > t）
非农机涉农行业 vs 农机行业	−1.8603	0.0315	0.0630	0.9685
非农林牧渔涉农行业 vs 农林牧渔业	2.1655	0.9847	0.0305	0.0153
农林牧渔业 vs 农机行业	−3.2152	0.0007	0.0014	0.9993
Median 检验（Kruskal-Wallis Test）	卡方值	概率（P 值）		
非农机涉农行业 vs 农机行业	0.897	0.3435		
非农林牧渔涉农行业 vs 农林牧渔业	0.158	0.6907		
农林牧渔业 vs 农机行业	0.986	0.3206		
方差分析（ANOVA）	F 值	概率（P 值）		
非农机涉农行业 vs 农机行业	3.46	0.0630		
非农林牧渔涉农行业 vs 农林牧渔业	4.69	0.0305		
农林牧渔业 vs 农机行业	10.34	0.0014		

4.2　涉农上市公司政府补助地区分布

我国经济发展水平存在"东高西低"的不平衡状况，东部地区由于借助制度创新，经济取得了较高的发展水平，表现在资本、人才和技术密集，同时，利用资本市场进行股权融资的意识和能力较强，而中西部地区具有资源优势，但市场化程度不高，企业利用资本市场的融资能力不足，反映到涉农上市公司这个群体，从表4-4可以看出，我国涉农上市公司主要集中于东部地区，占比50%；西部地区的涉农上市公司仅有47家，占比25%，东部地区涉农上市公司从数量上占有优势。

对于这种地区经济发展不平衡的现状，中国政府采取了相应的区域发展政策，对包括农业在内的相关行业进行了相应的扶持。2007年、2012年和2017年，中国政府分别发布了西部大开发"十一五""十二五"和"十三五"规划，提出了提高农业综合生产能力、增加农民收入、大力发展特色农牧产品加工业等优势产业、建立农产品主产区、建立生态补偿机制和实施生态恢复工程、发展"五横两纵一环"西部开发空间格局、实施扶贫攻坚战略。2009 年中国政府发布了《促进中部地区崛起规划》，提出了加强粮食生产基地建设和积极发展现代农业。2016 年中国政府发布了《促进中部地区崛起"十三五"规划》，提出了巩固粮食生产基地的地位，促进农村第一、第二、第三产业的融合发展，提高农业科技的支撑水平，壮大农业龙头企业经营主体的发展。

表 4-4　涉农上市公司地区分布总体情况

序号	1	2	3	合计
地区	东部	中部	西部	
上市公司数量（家）	95	45	47	187

注：根据 WIND 数据库整理，截至 2016 年 12 月 31 日，地区分类采用国家统计局 2017 年 1 月公布的《2016 年全国房地产开发投资和销售情况》中的地区分类方式。

在以上的政策背景下，从表 4-5 中可以看出，从 2007 年到 2016 年，我国各地区涉农上市公司共获得政府补助 344 亿元，其中东部地区涉农上市公司获得了 129 亿元的政府补助，占比 38%，主要原因：一方面是东部地区的涉农上市公司数量较多，另一方面是东部地区的地方政府财政实力较强，具有给予本地区涉农上市公司高额政府补助的能力，如东部地区涉农上市公司收到政府补助最多的是罗牛山（000735），该公司于 2015 年收到政府补助金额共 2 亿多元，主要是地方政府给予的搬迁补偿款。中部地区和西部地区尽管涉农上市公司的数量少于东部地区，但中部地区和西部地区涉农上市公司获得的政府补助金额与东部地区差距不大，分别是 93 亿元和 121 亿元，占比分别为 27% 和 35%；从政府补助均值角度来看，西部地区的涉农上市公司最高，而东部地区的均值最低；西部地区涉农上市公司获得的政府补助也存在较大的差距，标准差最高达 7812.658，这说明政府补助在西部地区各企业、各年度之间具有较大的差异。

表 4-5　涉农上市公司政府补助地区描述统计

地区	样本量	总金额（万元）	平均值（万元）	标准差	最小值（万元）	最大值（万元）	合计（万元）
东部	776	1298347	1673.128	2585.251	0.5	20980.17	1298347

续表

地区	样本量	总金额（万元）	平均值（万元）	标准差	最小值（万元）	最大值（万元）	合计（万元）
中部	382	935518.1	2449	5120.85	1.1667	52521.59	935518.1
西部	418	1213886	2904.033	7812.658	2.17	105826.5	1213886
总体样本	1576	3447751	2187.659	5106.452	0.5	105826.5	3447751

从表4-6的差异性检验可以看出，Mean检验表明，东部地区涉农上市公司获得的政府补助水平显著低于中部和西部地区，但中部地区和西部地区涉农上市公司的政府补助不具有显著的差异性；Media检验表明，东部地区与中部地区涉农上市公司的政府补助和中部地区与西部地区涉农上市公司的政府补助都不存在显著性差异，但东部地区和西部地区涉农上市公司的政府补助存在显著性差异（P=0.0245<0.05）；方差检验（ANOVA）表明，东部地区与中部地区、西部地区涉农上市公司的政府补助都存在显著性差异，而中部地区和西部地区涉农上市公司的政府补助不存在显著性差异。上述差异性分析说明，中国政府对涉农上市公司的政府补助支持具有明显的区域性差别，在西部大开发和中部崛起等区域发展政策的背景下，中西部涉农上市公司获得的政府补助显著高于东部地区。

表 4-6　不同地区涉农上市公司获得的政府补助差异性检验

Mean 检验 （Student Test）	T 值	Ha：diff < 0 Pr（T < t）	Ha：diff ！ = 0 Pr（｜T｜>｜t｜）	Ha：diff > 0 Pr（T > t）
东部地区 vs 中部地区	-3.4267	0.0003	0.0006	0.9997
东部地区 vs 西部地区	-4.0021	0.0000	0.0001	1.0000
中部地区 vs 西部地区	-0.9646	0.1675	0.3350	0.8325
Median 检验 （Kruskal-Wallis Test）	卡方值	概率（P 值）		
东部地区 vs 中部地区	1.257	0.2622		
东部地区 vs 西部地区	5.062	0.0245		
中部地区 vs 西部地区	0.766	0.3816		
方差分析 （ANOVA）	F 值	概率（P 值）	—	
东部地区 vs 中部地区	15.67	0.0001		
东部地区 vs 西部地区	16.02	0.0001		
中部地区 vs 西部地区	0.93	0.3350		

4.3 涉农上市公司政府补助企业产权性质

中国国有企业布局结构已经发生重大调整，国有资本从中小规模企业和一般生产加工行业全面退出，国有资本更多地向关系国民经济命脉和国家安全的行业和领域集中。涉农行业关系到我国粮食安全，因此，国有资本在涉农上市公司中具有较高的比重，同时，为了提高涉农行业的竞争能力，允许民营资本和外资进入涉农行业，并提供了相应的政策扶持，比如2010年中国政府发布的《国务院关于鼓励和引导民间投资健康发展的若干意见》（〔国发2010〕13号）中提出，鼓励民间资本参与农田水利等涉农项目，并实行政府补贴，政府性资金要对包括民间资本在内的所有资本同等对待。2010年发布的《科技部关于进一步鼓励和引导民间资本进入科技创新领域的意见》（〔国科发财2012〕13号）中提出，鼓励民营资本参与各类科技创新活动，并享受相应的补贴。2017年发布的《关于加快构建政策体系培育新型农业经营主体的意见》中提出，加大各种补贴对新型农业经营主体的支持力度，特别是农机具购置补贴政策向新型农业经营主体倾斜。

根据表4-7，我国涉农上市公司的产权性质主要分为民营企业、国有企业和外资企业，其中，民营涉农上市公司共有118家，占涉农上市公司总数量的63%，从数量上来看，民营涉农上市公司占有较大比重。2007~2016年，民营涉农上市公司获得的政府补助总额达191亿元，占比57%，从金额上来看，民营涉农上市公司也占有较大比重。在国有涉农上市公司中，中央国有企业48家，2007~2016年，获得政府补助总额103亿元，占比30%。对比民营涉农上市公司和国有涉农上市公司获得的政府补助均值，分别约是2049万元和2267万元，二者差距不大。

表4-7 企业产权性质角度的涉农上市公司政府补助描述统计

项目	企业性质	企业数（家）	补助总额（万元）	占比	均值（万元）	标准差	最小值（万元）	最大值（万元）
1	民营企业	118	1951359	57%	2049.747	5835.94	0.5	105826.5

续表

项目	企业性质		企业数（家）	补助总额（万元）	占比	均值（万元）	标准差	最小值（万元）	最大值（万元）
2		国有企业	65	1319958	38%	2267.969	3019.858	5	26069.08
2.1	其中	地方国有企业	14	235002.9	7%	2008.572	2653.695	5	15333.57
2.2		中央国有企业	48	1038376	30%	2354.593	3161.482	5.5851	26069.08
2.3		其他国有	3	46579.52	1%	1940.813	1745.013	251.2445	6542.863
3		外资企业	4	176433.9	5%	4200.807	8820.144	10.92	33295.56
合计			187	3447751	100%	2187.659	5106.452	0.5	105826.5

根据表4-8的差异性分析，Mean检验表明，无论国有涉农上市公司与非国有涉农上市公司，还是中央国有涉农上市公司与地方国有涉农上市公司，其政府补助都不具有显著性差异；Median检验表明，国有涉农上市公司与非国有涉农上市公司的政府补助中值具有显著性差异（$P = 0.0001 < 0.05$），但中央国有涉农上市公司与地方国有涉农上市公司，其政府补助中值不具有显著性差异；方差分析（ANOVA）表明，无论国有涉农上市公司与非国有涉农上市公司，还是中央国有涉农上市公司与地方国有涉农上市公司，其政府补助都不具有显著性差异。

表4-8　不同产权性质的涉农上市公司获得的政府补助差异性检验

Mean 检验（Student Test）	T 值	Ha：diff < 0 Pr（T < t）	Ha：diff！= 0 Pr（｜T｜>｜t｜）	Ha：diff > 0 Pr（T > t）
非国有企业 vs 国有企业	-0.4776	0.3165	0.6330	0.6835
中央国有企业 vs 地方国有企业	-1.2244	0.1107	0.2213	0.8893
Median 检验（Kruskal-Wallis Test）	卡方值	概率（P 值）		
非国有企业 vs 国有企业	34.204	0.0001	—	
中央国有企业 vs 地方国有企业	0.535	0.4645		
方差分析（ANOVA）	F 值	概率（P 值）		
非国有企业 vs 国有企业	0.23	0.6330		
中央国有企业 vs 地方国有企业	1.50	0.2213		

通过以上描述性和差异性检验可以发现，总体上，我国涉农上市公司获得

的政府补助从产权角度来看不具有差异性，这说明，我国政府在分配政府补助资金时，对于涉农上市公司的产权性质没有特别的倾向性，政府对涉农行业的政策支持在不同产权性质的涉农上市公司中得到了公平的贯彻。这一结论与步丹璐和郁智（2012）认为国有企业获得了大部分政府补助和中央控股的国有企业补助强度显著高于地方政府控股的国有企业观点不一致，究其原因，步丹璐和郁智（2012）研究样本是 A 股上市公司的全部行业，但其观点放在涉农上市公司这一样本中显然并不适用。

4.4　涉农上市公司政府补助的形式

4.4.1　涉农公司的相关补助形式

中国政府为了维护农业在国民经济中的基础地位，采取了各种政策来支持农业的发展，其中各种形式的政府补助是重要的支持手段。

我国农业补助政策的实施分两种方式：一是直补，即把农业支持保护补贴（三项补贴）直接发放到农户手中；二是以项目申报的方式实施，由多个国家部门发布和管理，补助资金由中央财政和地方财政解决，各经营主体每年通过项目申报的方式报送相关申报资料，经项目管理单位组织专家评审后，通过各级财政部门下拨补助资金，这种方式是涉农公司获得政府补助的主要形式。通过整理现有相关资料，我国涉农公司获得政府补助的形式可参见表4-9。

表4-9　我国农业补助的形式

发布部委	联合发文部委	项目名称	金额
发改委	农业部	现代农业示范项目	0.02 亿~2 亿元
	工信部	重点产业振兴和技术改造专项项目	项目总投资的 10%
		资源节约与环境保护中央预算内投资备选项目	项目总投资的 10%
		经贸领域中央投资项目	500 万元
		节能改造财政奖励备选项目	项目总投资的 10%

续表

发布部委	联合发文部委	项目名称	金额
发改委		生猪标准化养殖场（小区）建设项目	10 万~80 万元
		奶牛标准化养殖小区（场）建设项目	50 万~150 万元
		生物质能综合利用示范项目	项目总投资的 10%
		国家农业综合开发资金和项目	
农业部		国家农业产业化示范基地项目	奖励
	国家开发银行	开发性金融支持农产品加工业重点项目	融资服务
		扶持"菜篮子"产品生产项目	300 万元
	财政部	农业综合开发农业部专项	100 万~500 万元
	国家发改委	大中型沼气工程中央投资项目	100 万~200 万元
	财政部	农产品产地初加工补助项目	项目总投资的 30%
财政部		龙头企业带动产业发展和"一县一特"产业发展试点项目	300 万~800 万元
		农业综合开发农业产业化经营项目	50 万~300 万元
		农业综合开发林业专项	120 万元
		农业综合开发新型合作示范项目	50 万~200 万元
		农业综合开发土地治理项目	500 万
		现代农业园区试点申报立项	1000 万~2000 万元
		中型灌区节水配套改造项目	2000 万元
能源局	发改委、农业部	绿色能源示范县建设补助资金	2500 万元
科技部		农业科技成果转化资金	60 万~300 万元
		中小企业技术创新基金现代农业领域项目	80 万元
		富民强县工程	300 万元
工信部		中小企业发展专项资金	300 万元
		国家中药材生产扶持项目	
扶贫办	财政部	产业化扶贫项目	500 万元

从表4-9可以看出，我国农业补助对象涵盖农户、家庭农场、合作社、龙头企业、一般农业企业等多种农业经营主体，补助的领域覆盖农业生产资料（农机、良种）、农产品生产过程、农业科技研发与推广、农产品加工与销售的全产业链，补助管理部门涉及七个国家部委，补助金额根据项目不同有较大的差别。

4.4.2 涉农上市公司政府补助具体形式的案例分析

由于我国农业政府补助的形式多样，我国涉农上市公司获得政府补助的具体形式也较复杂，主要的数据库，如 WIND、CSMAR，仅有政府补助的金额，没有企业获得政府补助具体形式的信息。为了更深入地研究我国涉农上市公司获得的政府补助，本章采用案例分析法，即从涉农行业五个子行业的角度，选择每个子行业 2007~2016 年获得政府补助总额最多的企业为典型案例，通过对典型企业 2016 年年报的阅读和数据整理，来展现涉农上市公司政府补助形式的现状。

按行业来进行统计与计算，农林牧渔业各年政府补助最多的上市公司是海南橡胶（601118），农副食品加工业各年政府补助最多的上市公司是双汇发展（000895），食品制造业各年政府补助最多的上市公司是伊利股份（600887），农药化肥业各年政府补助最多的上市公司是云天化（600096），农机行业各年政府补助最多的上市公司是中联重科（000157）。

4.4.2.1 海南天然橡胶产业集团股份有限公司的政府补助案例分析

（1）公司概况。

"海南天然橡胶产业集团股份有限公司"（以下简称海南橡胶）成立于 2005 年，是国内重要的以天然橡胶研发、种植、加工、橡胶木加工为主业的大型综合企业集团。

（2）政府补助现状分析。

海南橡胶 2007 年以来连续 10 年获得相应的政府补助，合计金额达 6.13 亿元。

2016 年度，该公司确认为递延收益的、与资产相关的政府补助账面金额为 1.3 亿元，政府补助的具体形式主要有 2015 年国家林业补贴资金（2800 万元）、天然橡胶林基地建设项目财政贴息（5800 万元）、2010 年农业综合开发产业化经营财政补助（1500 万元）、2011 年农业综合开发产业化经营财政补助（1500 万元）、标准化抚育技术补助（650 万元）、2015 年中央财政森林抚育补贴金（300 万元）、农机购置补贴（150 万元）、高技术特种纺织品天然乳胶纤维生产线项目（120 万元）、防护林建设基金（40 万元）、其他项目（财政农资补贴、对外投资经费补助、农业技术推广服务补助、绿化宝岛等补助，合计145万元）。

2016年度，该公司确认为营业外收入的、与收益相关的政府补助账面金额为1.16亿元，主要包括橡胶树风灾保险补贴（8600万元）、递延收益转入（1300万元）、农业技术试验示范专项经费（30万元）、土地使用税减免额和增值税退税款（450万元）、天然橡胶良种补贴（290万元）、2016年省重大科技计划项目专项资金（190万元）、替代种植财政补贴（160万元）、上海市浦东新区世博地区开发管理委员会开发扶持资金（90万元）、绿化宝岛资金（90万元）、其他（260万元）。

可以看出，海南橡胶获得的政府补助持续时间长、金额大，政府补助的形式多样，与资产相关的政府补助有13种，与收益相关的政府补助有10种。海南橡胶获得的高额政府补助对企业利润有重大影响，2016年，该企业的营业利润为-5.3亿元，而利润总额为8800万元，来自政府补助的营业外收入达1.16亿元，对公司利润总额为正起了决定性作用。

4.4.2.2 河南双汇投资发展股份有限公司的政府补助案例分析

（1）公司概况。

"河南双汇投资发展股份有限公司"（以下简称双汇发展）是中国最大的肉类加工基地，农业产业化重点龙头企业，具有养殖、饲料、屠宰、加工、销售的肉类食品全产业链，年销售肉类食品300多万吨。

（2）政府补助现状分析。

双汇发展2007~2016年连续10年获得政府补助，总金额达15亿元。

2016年度，该公司确认为递延收益的、与资产相关的政府补助账面金额共5198万元，主要政府补助形式：政府专项补贴（2200万元）、农业产业化项目资金（910万元）、企业发展扶持资金（2000万元）、其他（50万元）。

2016年度，该公司确认为营业外收入的、与收益相关的政府补助账面金额为3.3亿元，具体政府补助主要形式：研究开发、技术更新及改造等获得的补助（3100万元）、农业产业化项目资金（540万元）、因符合地方政府招商引资等地方性扶持政策而获得的补助（2.25亿元）、生猪无害化补贴（4700万元）、其他（2300万元）。

从该公司2016年年报可以看出，该公司政府补助形式多样，与资产相关的政府补助有三类，与收益相关的政府补助有五类。该公司信息披露不够详细，仅按大类进行了政府补助金额的披露，没有披露获得政府补助的具体项目与从递延收益转为营业外收入的金额。公司 2016 年营业利润为 55 亿元，加上计入营业外收入的政府补助，利润总额达到 58 亿元，政府补助对公司利润总额的增加具有较大的贡献。

4.4.2.3　内蒙古伊利实业集团股份有限公司的政府补助案例分析

（1）公司概况。

"内蒙古伊利实业集团股份有限公司"（以下简称伊利股份）是中国最大的乳制品企业，业务涉及乳及乳制品的加工、制造与销售，拥有中国最大的奶源基地。

（2）政府补助现状分析。

伊利股份 2007~2016 年连续 10 年共获得高达 41 亿元的政府补助，为涉农上市公司获得政府补助总额最多的上市公司。

2016 年度，该公司确认为递延收益的、与资产相关的政府补助账面金额达 9.9 亿元，主要政府补助形式如下：投资建厂时地方政府按承诺扶持条件给予的基础设施配套资金（9.5 亿元）、投产后对新增基建项目政府给予的财政扶持资金（3600 万元）、为地方经济发展做出贡献获得的政府非货币性奖励（0.5 万元）、质量提升与技术改造项目（610 万元）。

2016 年度，该公司确认为营业外收入的、与收益相关的政府补助账面金额高达 10.5 亿元，主要形式如下：递延收益摊销（9300 万元）、税收返还（170 万元）、贷款利息补贴（1400 万元）、投资建厂时地方政府按承诺扶持条件给予的扶持资金（9 亿元）、为地方经济发展做出贡献获得的政府现金奖励（330 万元）、农业产业化龙头企业扶持资金（740 万元）、地方农业产业化龙头企业扶持资金（370 万元）、工业信息化发展扶持资金（2400 万元）、节能环保补助（520 万元）、见习就业稳岗培训补贴（1400 万元）、生鲜乳收购乳粉发展补贴（38 万元）、驰名商标认定企业奖励（50 万元）、其他财政补贴（65 万元）。

从该公司 2016 年年报有关政府补助的披露信息可以看出，伊利股份获得的政府补助具有持续性，补助形式多样，与资产相关的政府补助形式有四项，其中，"投资建厂时地方政府按承诺扶持条件给予的基础设施配套资金"高达 9.5 亿元，这对公司未来的利润具有巨大的促进作用；与收益相关的政府补助有 13 项，其中，"投资建厂时地方政府按承诺扶持条件给予的扶持资金"高达 9 亿元。但是，公司没有披露与补助相关项目的具体信息，不利于投资人了解这些政府补助项目对公司未来利润的影响。

伊利股份 2016 年的营业利润为 55 亿元，利润总额为 66 亿元，而计入营业外收入的政府补助金额达 10.5 亿元，显然，政府补助对该公司 2016 年度的利润起到显著的促进作用。

4.4.2.4 云南云天化股份有限公司的政府补助案例分析

（1）公司概况。

"云南云天化股份有限公司"（以下简称云天化）是以磷产业为核心的综合性化工企业，是全球重要的磷肥、氮肥、共聚甲醛制造商，是中国最大的磷矿采选企业。

（2）政府补助现状分析。

云天化 2003~2007 年连续 10 年获得高达 9.3 亿元的政府补助。

2016 年度，该公司确认为递延收益的、与资产相关的政府补助账面金额为 6.6 亿元，政府补助项目多达 91 项，其中金额在 1000 万元以上的政府补助项目如下：矿产资源综合利用示范基地建设专项资金（2.5 亿元）、煤代气技改工程 26 万吨甲醇项目（5800 万元）、尖山磷矿中低品位磷矿资源回收利用项目（3200 万元）、土地出让补偿金（2500 万元）、修造厂搬迁重建新购资产（2500 万元）、80 万吨硫酸（835）项目基建拨款（1800 万元）、4 万吨/年聚甲醛树脂项目政府补贴（1800 万元）、重点产业振兴和技术改造项目（1600 万元）、呼伦贝尔煤化工项目（1400 万元）、农业用磷酸二氢钾产业化项目（1300 万元）、天安输氨管线项目（1000 万元）。

2016 年度，该公司确认为营业外收入的、与收益相关的政府补助账面金额为 1.4 亿元，涉及的项目多达 39 项，其中金额在 1000 万元以上的政府补助项目如下：与资产相关的递延收益摊销（5300 万元）、2015 年工业经济增长十条措施奖补资金（1700 万元）、化肥淡储补贴（3100 万元）。

从该公司 2016 年年报披露的政府补助信息来看，公司有关政府补助项目的信息披露较具体，但缺少金额较大项目的具体内容披露；另外，由于公司除有化肥行业外，还从事其他化工行业，因此还获得了较多与农业无关的政府补助。云天化 2016 年营业利润为 -36 亿元，利润总额为 -34 亿元，而计入营业外收入的政府补助为 1.4 亿元，说明政府补助仅是给企业增加了现金流，但对公司利润的影响不大。

4.4.2.5 中联重科股份有限公司的政府补助案例分析

（1）公司概况。

"中联重科股份有限公司"（以下简称中联重科）是一家 A+H 的上市公司，主营工程机械、农业机械和金融服务，其中农业机械类别覆盖小麦等主要农作物的农业生产全过程需要的农业机械，居全国第三位。

（2）政府补助现状分析。

中联重科 2003～2016 年 10 年连续获得政府补助，总金额达 17 亿元。

2016 年度，该公司确认为递延收益的、与资产相关的政府补助账面金额为 3.2 亿元，涉及的项目有五个，但没有披露项目名称。

2016 年度，该公司确认为营业外收入的、与收益相关的政府补助账面金额为 2 亿元，但附表中披露确认为营业外收入的金额为 7200 万元，信息披露存在不一致现象，涉及的补助项目：因从事国家鼓励和扶持的特定行业、产业而获得的补助（2100 万元），天津、吉林、芜湖三地地方政府发放的符合地方政府招商引资等地方性扶持政策而获得的补助（3800 万元），因研究开发、技术更新及改造等获得的补助（1000 万元）。

该公司 2016 年年报披露的政府补助信息不够全面，与资产相关的政府补助没有披露相关项目名称，仅以"ABCDE"代表，不具备任何信息含量；与收益相关的政府补助披露也不具体，没有披露项目名称，并且金额合计数与计入营业外收入的政府补助数字不一致。

中联重科 2016 年营业利润为 –18 亿元，利润总额为 –10 亿元，计入营业外收入的政府补助为 2 亿元，因此，政府补助对该公司的利润有一定的影响。

4.4.2.6 小结

从以上对典型案例的政府补助分析可以看出，涉农上市公司普遍、持续性地获得了较多的政府补助，个别公司获得的政府补助金额还很大，对其利润总额产生显著的影响。

从涉农上市公司获得的政府补助具体形式来看，涉农上市公司获得的政府补助形式多样，补助项目最多的公司多达 22 项（海南橡胶），有一些政府补助形式不在国家涉农支持项目的范围内，是地方政府基于各种名目给予的。

从披露的信息质量来看，总体上与政府补助项目相关的信息披露不够全面，大多仅披露政府补助项目名称和金额，甚至有个别企业对其政府补助项目仅以"ABCDE"等符号来列示（中联重科）。所有的涉农上市公司对政府补助项目的具体内容没有披露，政府补助对利润的影响没有分析。

总之，涉农上市公司对其获得政府补助具体形式的信息披露不充分，不利于投资者对政府补助信息的理解，影响了投资者对涉农上市公司政府补助的判断和决策。

4.5 本章小结

本章对涉农上市公司政府补助从行业分布、地区分布、产权性质分布和补助形式四个方面进行了现状分析，主要内容如下：

（1）从行业分布来看，沪深 A 股涉农上市公司共有 187 家，主要涵盖农药化肥、农机、农林牧渔、农副食品加工和食品制造五类行业，通过均值检验和中值检验，发现农林牧渔业的上市公司的政府补助水平显著低于其他涉农行业，而农机行业获得补助的水平最高。

（2）从地区分布来看，东部地区涉农上市公司数量最多，但差异性检验表明，涉农上市公司政府补助具有明显的区域性差异，中西部地区涉农上市公司获得的政府补助显著高于东部地区。

（3）从产权性质分布来看，民营涉农上市公司获得的政府补助金额略高于国有涉农上市公司，差异性检验表明，国有控股的涉农上市公司和非国有控股的涉农上市公司获得政府补助金额不具有显著性差异。

（4）从补助形式来看，涉农上市公司获得的政府补助形式多样，涵盖农业生产活动的全过程，主要以项目制的方式实施。

❺

涉农上市公司政府补助对公司财务绩效的影响研究

5.1 引言

相对于其他行业，中国农业长期受到政府的关注和支持。连续多年的中央"一号文件"，提出了发展农业和解决农业问题的各项措施，2004 年以来，为中央"一号文件"中频繁提到政府补助政策，并且，政府补助的对象从农户向包括涉农企业在内的新型农业经营主体覆盖，同时，各年的中央"一号文件"中也多次提出大力发展农业科技的研究与推广，而涉农上市公司作为农业科技重要的研究和应用组织，也因此而受益，获得较多的科技项目补助资金。

另外，政府补助作为一种财政支出手段，越来越成为政府引导民间投资和宏观调控的手段，政府根据一定时期的产业政策和发展规划，通过直接补助、项目支持等方式向企业无偿转移资源，以实现政府管理社会的目标。根据 WIND 数据库统计可知，2016 年，我国所有 A 股上市公司共获得了 1266 亿元的政府补助。农业是比较效益较低的行业，农产品又具有一定的公共产品的特点，因此，农业是政府长期重点扶持的行业。农业政府补助的管理与分配涉及财政部、发展和改革委员会、科技部、农业部等多个部门，涉农公司要想获得相应部门的政府补助，需要以项目申报的方式来争取，而涉农上市公司作为行业中的领先企业，其综合实力较强，因此，在争取相关政府补助时具有较强的优势，2016 年，187 家 A 股涉农上市公司全部获得了政府补助，总计达 60.9 亿元。

涉农上市公司是农业经营主体中重要的组成部分，也成为获得政府补助的重要主体。但是，大量的政府补助能否使涉农上市公司的竞争能力提高，进而获得持续不断的利润，相关研究还不充分。本书从农业产业链的视角，选择涉农上市公司为研究样本，通过分析政府补助与涉农上市公司财务绩效之间的关系，来揭示政府支持对整体涉农上市公司及不同类型涉农上市公司财务绩效的影响，从财务角度反映我国政府补助对涉农上市公司的补助效果。

5.2　理论分析与假设

以庇古为代表的学者认为，由于在提供公共物品方面市场机制存在缺陷，因此需要政府通过补贴等手段来干预公共物品的供给。王一（2000）认为，中国地方政府的目标包括社会目标和经济目标，社会目标是地方政府要保证就业水平和提供地方性公共物品，经济目标是弥补市场缺陷和促进地方国有资产的保值增值。国内相关研究（周红等，2012；孙维章等，2014；周霞，2014）认为，政府补助可以提高企业的财务绩效，原因是，这些无偿的政府补助资金的流入，增加了企业现金流，降低了企业经营成本。从报表层面来看，政府补助作为上市公司非经常性损益的重要组成部分，本应是非经常性项目，但已经成为一些公司能持续获得的利益，对企业盈余产生重大的影响，体现在：与收益相关的政府补助计入利润表，直接增加了当期的企业利润；与资产相关的政府补助计入递延收益，根据资产的使用年限摊销，计入企业未来的利润表，对企业未来的利润产生影响，由此提出假设 5-1。

【假设 5-1】与收益相关的政府补助对涉农上市公司的短期绩效有促进作用，而与资产相关的政府补助对企业短期绩效没有促进作用。

但是，农业具有公共物品的属性，周立群等（2009）认为，现代农业对社会和政治稳定性具有保障作用，农产品是具有战略物资性质的产品，农业还提供了生态环境产品，因此，认为现代农业是提供了具有准公共产品的行业，这也可以解释美国和日本在农业高度现代化的情况下，还给予农业高额的政府补助和高度保护。可以说，从政府的角度来看，通过政府补助可以鼓励和引导涉农公司大力发展生产，加大技术投入和扩大生产规模，从而促进就业增加、企业技术进步、农产品产量增加和质量提高，间接促进了政府补助目标的实现。对于涉农公司来说，由于我国政府对农业的重视，比其他行业的企业更容易获得不同形式的政府补助。

国外相关研究（Carlsson，1983；Beason 等，2014，1996；Van Tongeren，1998；Barnstorm，2000；Tzelepis 等，2004）分别以瑞典、日本、荷兰、希腊的企业为样本，发现政府补助不具有提高企业财务绩效的作用。Bernini（2011）认为，政府补助可能会引发企业的道德风险，企业在获得政府补助后的行为与约定的不一致。赵宇恒等（2014）发现，企业存在利用政府补助给高管发放薪酬的行为，目的是维持高管的薪酬稳定，并且这种行为并没有对高管产生激励，容易引发高管的偷懒和寻租行为，反而导致社会资源浪费和社会福利降低。

农业上市公司获得了大量的政府补助，补贴水平高于全国水平，已经形成对农业补助的依赖，但农业补助对农业龙头企业的业绩提升作用不大。我国学者对农业上市公司政府补助的绩效研究（沈晓明等，2002；林万龙等，2004；邹彩芬等，2006；彭熠等，2009；张京京等，2010；崔宝玉等，2014；金玉健等，2016）也表明，农业上市公司的财务绩效普遍较低。

政府补助是政府以经济手段干预企业经营活动的重要手段，政府通过项目申报的方式来选择恰当的企业给予其政府补助，企业获得补助后，按项目申报的约定来完成项目，在这一过程中，政府借助企业之手实现了其目标。但是，信息不对称理论的分析表明（参见 2.2.4 节），政府没有能力掌握申报企业的全部信息，企业为了获得政府补助的支持，也会故意隐瞒其真实信息，因此获得政府补助的企业并不一定具备完成政府补助要求的能力，并且，由于寻租行为的普遍存在，发放补助的政府也并不关心企业的盈利能力状况。企业获得政府补助后，由于监督机制不存在或违规成本较低，不会认真完成补助项目的任务，往往会出现资金被挪用、被滥用等现象，补助项目资金没有独立核算，企业经营支出抵用补助项目支出，项目结题时，随便提交一个结题报告来应付政府管理部门。总之，政府与企业之间天然的信息不对称，导致政府补助资金的低效配置，而政府无法有效监督补助资金的使用和企业的财务状况，使补助资金的使用效率低下，由此，可提出假设 5-2。

【假设 5-2】政府补助对涉农上市公司长期财务绩效不具有提高作用。

5.3　研究设计

5.3.1　数据描述

本书研究的样本取自涉农行业的上市公司，涉农行业概念隶属于大农业的概念，是从农业经营活动的全产业链角度来定义的，因此，以中国证监会的行业分类标准为依据，选择 A 门类"农业"中的"农、林、牧、渔业"全部 A 股上市公司，共计 45 家上市公司；选择 C 门类"制造业"中的 C13 农副食品加工业，共计 45 家上市公司，选择 C14"食品制造业"，共计 40 家上市公司；从 C26"化学原料及化学制品制造业"中选择主业是生产农药、化肥的上市公司，共计 45 家上市公司；从 C 门类相关大类中选择主业是农业机械的上市公司，共计 12 家，这样合计涉农行业的样本上市公司总数为 187 家。

本章研究的涉农上市公司财务数据来自 WIND 数据库，样本期为 2007 ~ 2016 年，数据类型为平衡面板数据。

5.3.2　模型设计

对于面板数据分析首先要对模型的类型进行假设，即随机效应模型还是固定效应模型。本书对随机效应模型进行了霍斯曼检验（Hausman 检验），根据 H 统计量伴随概率判断模型的类型，确定回归方程如下：

$$Y_{it} = \alpha_0 + \alpha_1 X_{it} + \alpha_2 Control_{it} + u_{it}$$

其中，Y_{it} 为被解释变量；X_{it} 为解释变量；$Control_{it}$ 为控制变量；u_{it} 为随机项；α_i 为回归系数；$i = 1, 2, \cdots, 187$；$t = 2007, 2008, \cdots, 2017$。

5.3.3　变量选择

5.3.3.1　被解释变量

对于反映企业财务绩效的指标，相关研究基于不同的研究目的，采用的指标较多，主要有四类：财务报表类指标、市场类指标、全要素生产率指标和因子分析指标，各类指标具有不同的优缺点。

（1）财务报表类指标。常用的有净资产收益率（ROE）、总资产收益率（ROA）、主营业务增长率等，这类指标的优点是，数据获取容易，财务指标具有综合性，能反映受到企业复杂经营活动的影响；缺点是容易受到操纵和盈余管理，会计政策的变更影响可比性。

（2）市场类指标。主要有每股市价、市场总值、市盈率（P/E）、托宾 Q 值等，这类指标的优点是，在市场机制完善的条件下，可以反映企业长期绩效，且不易被操纵；缺点是，短期影响股票市场价格的因素复杂，除了企业的财务绩效外，还受到投资人各种非理性因素的影响。总之，影响企业绩效的因素难以控制，并且中国股票市场具有高度的投机性特征，股市泡沫较多，这使市场类指标失去其应有的真实性。

（3）全要素生产率指标。这类指标是利用柯布—道格拉斯函数 $Y = A_T L^\alpha K^\beta$ 来计算要素投入的产出，并利用这个工业产出值作为反映企业绩效指标，这个指标的优点是，从驱动企业增长的技术、资本和劳动这三个因素来衡量企业的绩效，计算参数一般较为真实，人为操纵性较少；缺点是不能够反映影响企业收入的全部因素，对于单个企业来说，市场营销、产品定价、原材料价格变化等多种因素影响其产出，采用全要素生产指标研究农业企业绩效的有范黎波等（2012）。

（4）因子分析指标。即选择一些指标作为分析因子，通过计算因子载荷矩阵，利用载荷系数的大小来判断哪些因子对反映原始信息的贡献大，根据公共因子的贡献率及旋转后的因子值来计算反映企业综合绩效的值 F。这种方法的优点是，可以确定出多种指标中对企业绩效产生影响最大的相关指标，将分析过程简化为针对因子项的分析；缺点是分析过程比较复杂，对数据的精度要求比较高，有时因子的意义不能够完全确定，在相关研究中，选择的因子多是财务报表数据与指标，而财务数据之间具有高度的相关性，通过因子分析得到的绩效值本质还属于财务指标的范畴。采用因子分析法研究农业企业绩效的有彭熠等（2007）、钟燕（2009）、彭源波（2012）。

本章研究的是涉农上市公司的财务绩效，借鉴池国华（2003）、邹彩芬等（2006）、刘云芬（2015）等的研究，选择以财务指标作为衡量企业财务绩效的指标，主要选择总资产收益率（ROA）来反映涉农上市公司的短期财务绩效。借鉴 Barber 和 Lyon（1996）、章卫东（2007）的方法，以经过行业平均值调整后净资产收益率（RROE）来衡量涉农上市公司的长期绩效，其计算方式为：

$$RROE_{i,t} = ROE_{i,t} - ROE_{m,t},$$

其中，$RROE_{i,t}$ 为第 i 家涉农上市公司在第 t 年经行业调整的净资产收益率；$ROE_{i,t}$ 为第 i 家涉农上市公司在第 t 年的净资产收益率；$ROE_{m,t}$ 为涉农上市公司在第 t 年的平均净资产收益率。

在后续假设检验时，采用滞后一期和滞后二期的 RROE 作为被解释变量。

采用 ROA 和 RROE 的原因是，这两个指标具有较高的综合性，能全面反映企业的盈利能力、资产管理能力和偿债能力等财务绩效，是相关研究中应用最广泛的财务绩效指标。

5.3.3.2 解释变量

从 2007 年开始，政府补助在上市公司的年报中进行了专门的信息披露。本章研究的核心变量是政府补助，以涉农上市公司各年年报中"非经常损益"项目下的"政府补助"为数据来源，借鉴唐清泉和罗党论（2007）、刘云芬等（2015）的研究，用政府补助占企业主营业务收入的比重来衡量政府补助的强度，计算方式如下：

$$Subsidy_t = 第 t 年政府补助总额/第 t 年主营业务收入$$

其中，$t = 2007, 2008, \cdots, 2016$。

同时，企业的政府补助按会计核算的原则（CAS16），分为"与收益相关的政府补助"和"与资产相关的政府补助"。为了反映不同类型的政府补助对涉农上市公司财务绩效的影响，从"利润表"中的"非经常收入"中获取"与收益相关的政府补助"数据，并与当年主营业务收入相比较，计算与收益相关的政府补助强度 Subsidy；从涉农上市公司各年年报中"递延收益"项目获取"与资产相关的政府补助"数据，并与当年主营业务收入相比较，计算与资产相关的政府补助强度 Subsidy1。

由于政府补助，尤其是与资产相关的政府补助，对企业绩效的影响效应具有缓慢释放的过程，即本期确认的政府补助，会对下一年及以后各年的企业绩效产生影响，因此，借鉴邹彩凤等（2006）的分析方法，本章研究除了分析当年确认的政府补助对当年财务绩效的影响，还分析了政府补助对滞后一期和滞后二期的企业财务绩效的影响，从短期财务绩效和长期财务绩效两个角度分析不同类型政府补助对企业财务绩效的影响。

5.3.3.3　控制变量

除了政府补助影响企业财务绩效外，还有其他因素影响企业财务绩效。根据对农业上市公司的相关研究，如吴敬学等（2010）、范黎波等（2012）、刘云芬等（2015）、张天亮等（2016），从公司规模、成长能力、资本结构、企业产权性质、企业所处地区、企业行业类型几个角度确定控制变量。

（1）公司规模。

涉农上市公司的公司规模差别较大，一般来说，公司规模较大，可以享受到规模报酬的好处，对企业财务绩效可能有显著的影响，另外，把公司规模作为控制变量，可以消除规模不同导致的对涉农上市公司财务绩效的影响。常用的反映企业规模的指标有总资产、主营业务收入、企业员工总数等，本章研究采用总资产作为涉农上市公司规模的指标，并取其自然对数，以消除资产的数量级过大的影响。其计算公式如下：

$$Asset = \ln\left[\left(年初资产总额 + 年末资产总额\right)/2\right]$$

（2）成长能力。

成长能力较强的企业，具有良好的市场竞争能力，在财务绩效上的表现也会较好。本章研究采用主营业务增长率来衡量涉农上市公司的成长能力，其计算公式如下：

$$Growth = \left(本年主营业务收入 - 上年主营业务收入\right)/上年主营业务收入$$

（3）资本结构。

企业资本结构影响公司价值是公司财务理论的基本结论（MM 定理），与股权性融资相比，债务性融资属于资本成本较低的融资方式，所以，在企业回报率高于债务利率的条件下，债务比重较高的企业价值较高。但是，债务性融资比例大小，反映了企业所面临的财务风险大小，随着债务比重的增加，企业的破产成本也随之增加，企业价值也会下降。因此，资本结构对企业财务绩效会产生显著影响，债务比例应处在一个恰当的水平，才能提高企业的财务绩效和价值。反映企业资本结构的指标有产权比率、权益乘数、资产负债率，本章研究采用资产负债率来衡量涉农上市公司的资本结构，其计算公式如下：

$$Leverage = 当年负债总额/当年资产总额$$

（4）企业产权性质。

企业的产权性质对企业绩效的影响比较复杂。国有控股上市公司由于与政治具有高度的政治关联，会比民营企业获得更多的资源和发展机会，因此，国有控股上市公司可能会有较好的财务绩效表现。但是，由于国有企业自生能力不足，政策性负担较重，虽有政府的财政补贴，但有时却成为其国有企业经营失败的借口。随着我国政府职能的转变和国有企业公司制的改革，民营企业对国民经济的贡献越来越受到政府肯定，在政府补助方面，民营企业也受到与国有企业同等待遇，这对民营企业经营绩效的提高具有促进作用。但是，民营企业的行为更多的是对利润的追求，对政府补助上所附加的非财务绩效条件并不重视，导致政府补助资金被滥用，反而会导致企业财务绩效下降。总之，企业产权性质会对企业财务绩效产生显著影响，本章研究利用 WIND 数据库中获取的有关公司产权性质的数据来对涉农上市公司产权性质变量赋值，赋值方式为：如公司第一大股东是国有投资主体，无论是中央政府控股还是地方政府控股，则 State 变量值为 1，否则，变量值为 0。

（5）企业所处地区。

我国地区发展不平衡，东部地区经济发展水平及市场化程度较高，具有人才、技术和资本的优势，而中、西部地区经济发展水平相对较低，因此，处于不同地区的企业，其外在环境对企业财务绩效会有不同影响，企业所处地区这一因素也是大多企业财务绩效研究常用的控制变量。本章研究的地区变量采用哑变量赋值方式，根据本书第 3 章的研究可知，我国东部地区、中部地区和西部地区涉农上市公司的政府补助具有显著性差异，所以，影响涉农上市公司财务绩效地区变量的赋值方式如下：

如第 i 家涉农上市公司注册地或主要经营地在东部地区，则 $Location_1$ 为 1，否则为 0；如第 i 家涉农上市公司注册地或主要经营地在中部地区，则 $Location_2$ 为 1，否则为 0；如第 i 家涉农上市公司注册地或主要经营地在西部地区，则 $Location_3$ 为 1，否则为 0。

（6）企业行业类型。

显然，大多数财务分析专家都认可企业盈利能力具有显著的行业性，行业是影响企业财务绩效的重要因素。涉农上市公司还可以细分为农林牧渔业、农副食品加工业、食品制造业、农药化肥业和农机行业五个行业，本章研究设置的行业哑变量赋值方式：如涉农上市公司属于第 i 种行业，则 Industryi 为 1，否则为 0，其中 i 为农林牧渔业、农副食品加工业、食品制造业、农药化肥业和农机行业。

以上变量的确定可参见表 5-1。

表 5-1 财务绩效变量定义表

变量类型	变量名	符号	赋值方式
被解释变量	总资产报酬率	ROA	息税前利润/平均总资产
	净资产收益率	ROE	净利润/平均净资产
	行业调整的净资产收益率	RROE	$RROE_{i,t} = ROE_{i,t} - ROE_{m,t}$
解释变量	与收益相关的政府补助	Subsidy	当年与收益相关的政府补助总额/当年主营业务收入×100
	与资产相关的政府补助	Subsidy1	当年与资产相关的政府补助总额/当年主营业务收入×100
控制变量	公司规模	Size	平均资产总额的自然对数
	成长能力	Growth	主营业务收入增长率
	资本结构	Leverage	资产负债率
	企业产权性质	State	国有资本控股为1，否则为0
	企业所处地区	Location	地区哑变量
	企业行业类型	Industry	行业哑变量

5.4 实证检验

5.4.1 描述性统计分析与相关性检验

5.4.1.1 描述性统计

表 5-2 报告了主要变量未经缩尾处理的描述性统计结果。从表 5-2 中可以看出，涉农上市公司的平均净资产报酬率为 8.67%，中位数为 8.77%，说明大多数涉农上市公司的综合盈利能力还是较强。但是，个别企业的净资产收益率出现异常，如 *ST 河化（000953）2016 年的净资产收益率为 -1482%，主要原因是该企业经营不善，连续亏损，甚至 2016 年的所有者权益为负值

（-8909 万元）；广弘控股（000529）2008 年净资产收益率达 512.9%，主要原因是该公司 2008 年借壳 ＊ST 美雅上市，导致财务数据异常。但从营业利润来看，涉农上市公司的营业利润平均值为-0.01，这说明，在总体上，涉农上市公司主营业务的获利能力并不强。从利润总额是否为正的二值变量（Gain）来看，88%的企业利润总额为正，这说明，涉农上市公司大部分年度能够达到利润总额为正，涉农上市公司从非经营活动获取了大量的利润。

从政府补助的强度统计可以看出，与收益相关的政府补助强度均值为 1.57%，与资产相关的政府补助强度均值为 4.2%，标准差分别为 9.45、16.46，说明涉农上市公司收到的政府补助更多是与资产相关的政府补助，并且总体上各公司之间的补助强度差别不大，但从极端值来看，个别公司有的年份没有收到政府补助，有的公司（青海春天，600831）收到的政府补助极多，超过其主营业务收入的 3 倍。

从影响涉农上市公司财务绩效的控制变量来看，涉农上市公司的销售增长能力还是比较强，平均值达到 146%，标准差 38.96，反映出各涉农公司在不同年度的差异比较大，销售增长的最小值为-99%（青海春天，2013 年），最大值为 149700%（平潭发展，2008 年）。资产负债率平均值为 47%，中位数为 46%，标准差为 0.24，这说明涉农上市公司总体上的资本结构合理，企业的偿债能力总体上较好，并且各公司均值之间差异不大，但是，个别公司出现了资产负债率异常现象，最小值 3%（＊ST 川化，2016 年），最大值达 326%（＊ST 川化，2015 年），原因是 ＊ST 川化连续三年亏损，2016 年进行了债务重整。

表 5-2 政府补助与财务绩效描述性统计分析（没有缩尾处理）

变量	样本数	平均值	标准差	中位数	最小值	最大值
ROE	1721	8.670%	45.38	8.770%	-1482%	512.9%
RROE	1721	0	18.24	-0.810%	-81.55%	47.89%
ROA	1743	7.750%	10.87	6.770%	-90.66%	171.0%
Subsidy	1576	1.570%	9.450	0.560%	0	323.8%
Subsidy1	577	4.200%	16.46	1.440%	0.0100%	247.4%
Size	1743	21.44	1.180	21.38	17.62	25.26
Growth	1669	146%	38.96	12%	-99%	149700%
Leverage	1743	47%	0.240	46%	3%	326%

为了消除极端值的影响，对原数据进行了缩尾处理（Winsorize），对上下
1%的极端值进行处理，处理方法为：如果一个涉农上市公司样本的某变量值
大于该变量的 99 分位数，则该样本的值被强制指定为 99 分位数的值；反之，
如果一个样本某变量的值小于该变量的 1 分位数，则该样本该变量的值被强制
指定为 1 分位数。经过处理，其描述性结果如表 5-3 所示，可以看出，样本的
平均值和中位数与处理前差别不大，但样本的最大值和最小值处于正常的
区间。

表 5-3　政府补助与财务绩效描述性统计分析（缩尾处理）

变量	样本数	平均值	标准差	中位数	最小值	最大值
ROE	1721	9.580%	18.24	8.770%	−71.97%	57.48%
RROE	1721	0%	18.24	−0.810%	−81.55%	47.89%
ROA	1743	7.760%	8.880	6.770%	−19.59%	35.36%
Subsidy	1576	1.180%	2.090	0.560%	0.0100%	14.79%
Subsidy1	577	3.310%	6.270	1.440%	0.0200%	47.67%
Size	1743	21.44	1.160	21.38	18.73	24.45
Growth	1669	20%	0.470	12%	−56%	324%
Leverage	1743	46%	0.210	46%	5%	106%

为了更充分理解样本公司的财务绩效、政府补助与其他影响因素之间在数
据上的差异，本章研究以企业产权性质为分组标准，采用均值 T 检验的方法，
以发现其差异性。本章研究的涉农上市公司共 187 家，其中，非国有控股的涉
农上市公司 122 家，国有控股的涉农上市公司 65 家，从表 5-4 报告的 T 检验
结果可以看出，从反映财务绩效的净资产收益率（ROE）、总资产回报率
（ROA）、行业调整的净资产收益率（RROE）来看，国有控股公司比非国有控
股公司要低一些，并且在 1% 水平上具有显著性，这说明，非国有涉农上市公
司的总体财务绩效要显著好于国有涉农上市公司；从政府补助的强度来看，两
类公司并没有显著性差异；从企业规模和资产负债率来看，非国有控股涉农上
市公司显著低于国有控股涉农上市公司，这说明，非国有控股公司规模普遍小
于国有控股公司，但资本结构要优于国有控股公司。

表 5-4　涉农上市公司不同产权性质公司之间主要指标的 T 检验

变量	国有控股	非国有控股	国有与非国有控股企业的均值差异
ROE	0. 0447	0. 1101	0. 0653 ***
	(0. 0124)	(0. 0155)	(0. 0227)
RROE	−5. 066513	2. 824409	7. 890922 ***
	(0. 703523)	(0. 5433)	(0. 8974)
ROA	4. 904698	9. 357863	4. 453166 ***
	(0. 3206)	(0. 2676)	(0. 4306)
Subsidy	1. 5275	1. 5954	0. 0679
	(0. 2155)	(0. 3556)	(0. 4931)
Subsidy1	2. 8706	4. 8564	1. 9857
	(0. 2636)	(1. 0120)	(1. 4567)
Size	21. 7546	21. 2621	−0. 4925 ***
	(0. 0469)	(0. 0344)	(0. 0579)
Leverage	0. 5235	0. 4366	−0. 0869 ***
	(0. 011)	(0. 0066)	(0. 0121)
Growth	1. 0238	1. 7228	0. 6989
	(0. 8759)	(1. 4224)	(1. 9769)

注：表中数字为均值，括号内为标准差；*** 代表 1%水平下显著。

5.4.1.2　相关性检验

从表 5-5、表 5-6 的主要变量相关性检验可以看出，衡量企业短期财务绩效的变量 ROA、衡量长期财务绩效的变量 RROE 与主要变量之间存在较强的相关性，其中政府补助变量（Subsidy、Subsidy1）与短期财务绩效在 1%水平上具有显著性，与资产相关的政府补助（Subsidy1）与长期财务绩效在 10%水平上具有显著性。另外，几个主要控制变量与财务绩效也不同程度的具有相关性。

表 5-5　短期经营绩效变量与主要变量的相关性检验

变量	ROA	Subsidy	Subsidy1	Size	Growth	Leverage	State
ROA	1	−0. 151 ***	−0. 238 ***	−0. 111 ***	0. 335 ***	−0. 326 ***	−0. 244 ***
Subsidy	−0. 124 ***	1	0. 481 ***	−0. 184 ***	−0. 0369	−0. 0231	0. 0352

续表

变量	ROA	Subsidy	Subsidy1	Size	Growth	Leverage	State
Subsidy1	-0.133 ***	0.505 ***	1	-0.195 ***	-0.0349	0.0608	0.0971 **
Size	-0.0569	-0.220 ***	-0.192 ***	1	-0.0615	0.275 ***	0.174 ***
Growth	0.200 ***	-0.0655	0.00990	-0.0316	1	-0.108 **	-0.223 ***
Leverage	-0.378 ***	0.0396	-0.0824 *	0.263 ***	-0.117 ***	1	0.250 ***
State	-0.212 ***	0.0359	-0.0479	0.177 ***	-0.153 ***	0.274 ***	1

注：表中右上是 Pearson 检验，左下是 Spearman 检验；＊代表10%水平下显著，＊＊代表5%水平下显著，＊＊＊代表1%水平下显著。

表 5-6　长期经营绩效变量与主要变量的相关性检验

变量	RROE	Subsidy	Subsidy1	Size	Growth	Leverage	State
RROE	1	-0.138 ***	-0.218 ***	-0.102 **	0.332 ***	-0.268 ***	-0.249 ***
Subsidy	-0.0695	1	0.475 ***	-0.170 ***	-0.0225	-0.0420	0.0264
Subsidy1	-0.0730 *	0.537 ***	1	-0.186 ***	-0.0254	0.0505	0.0921 **
Size	-0.0551	-0.192 ***	-0.192 ***	1	-0.0761 *	0.298 ***	0.185 ***
Growth	0.201 ***	-0.0507	0.0112	-0.0421	1	-0.0924 **	-0.217 ***
Leverage	-0.405 ***	-0.0189	-0.0875 **	0.299 ***	-0.0963 **	1	0.243 ***
State	-0.233 ***	0.0278	-0.0492	0.186 ***	-0.146 ***	0.265 ***	1

注：表中右上是 Pearson 检验，左下是 Spearman 检验；＊代表10%水平下显著，＊＊代表5%水平下显著，＊＊＊代表1%水平下显著。

从表5-5、表5-6也可以看到，被解释变量之间存在一定的相关性，因此，为了避免变量之间存在多重共线性，影响假设检验的可靠性，本章研究利用方差膨胀系数因子（Variance Inflation Factor，VIF）判断变量之间的多重共线性。从表5-7可以看出，各变量的 VIF 值最大为 1.41，都低于 10，因此，被解释变量不存在严重的多重共线性问题。

表 5-7　财务绩效变量多重共线性检验

变量	方差膨胀系数因子（VIF）	1/VIF
Subsidy	1.41	0.709298

变量	方差膨胀系数因子（VIF）	1/VIF
Subsidy1	1.37	0.729481
Size	1.16	0.861004
Growth	1.03	0.966390
Leverage	1.16	0.859963
State	1.12	0.895416

5.4.2 假设检验

5.4.2.1 假设5-1的检验与分析

表5-8中的模型（1）、模型（2）经过豪斯曼检验（Hausman Test），检验结果显示 P 值为 0.0000<0.005，所以强烈拒绝原假设，应采用固定效应模型，所以表5-8中展示的都是固定效应模型。

表5-8中的模型（1）考察了与收益相关的政府补助（Subsidy）对涉农上市公司短期财务绩效指标 ROA 的影响，其系数为 0.254，表明与收益相关的政府补助对企业短期财务绩效起正向的促进作用，即与收益相关的政府补助越多，涉农上市公司的短期财务绩效越好，并且，这种作用在1%的水平下显著。模型（2）考察了与资产相关的政府补助（Subsidy1）对企业短期财务绩效指标 ROA 的影响，其系数为-0.179，表明与资产相关的政府补助对企业短期财务绩效起负向作用，即与资产相关的政府补助越多，涉农上市公司的短期财务绩效越不好，并且，这种作用在5%水平下显著。因此，模型（1）与模型（2）证实了假设5-1成立。

从控制变量来看，企业规模、企业成长能力和资本结构对企业短期财务绩效的影响在0.1%水平上具有显著影响，企业成长能力越强，涉农上市公司的短期财务绩效就越好；负债程度越高，涉农上市公司的短期财务绩效就越差；企业规模对短期财务绩效的影响较复杂，在模型（1）中，企业规模越大，涉农上市公司财务绩效反而越差，且在0.1%水平下显著，而在模型（2）中，企业规模越大，涉农上市公司的财务绩效越好，但不具有显著性，这说明，不同类型的政府补助，对不同规模的涉农上市公司的影响存在差异。

通过假设 5-1 的检验，得到的启示：与收益相关的政府补助尽管直接计入了涉农上市公司当年利润表，确实促进了企业短期财务绩效的提高，但这种效应是短期的，由于企业获得政府补助具有不可持续性和不确定性，因此，依赖政府补助来提高短期财务绩效是不可靠的。涉农上市公司短期财务绩效的提高，还是需要依赖企业的成长、资本结构优化、规模优势等核心竞争能力。

表 5-8　涉农上市公司政府补助与财务绩效关系的假设 5-1 检验结果

变量	模型（1）	模型（2）
	ROA	ROA
Subsidy	0. 254 **	
Subsidy1		−0. 179 *
Size	−2. 179 ***	0. 564
Growth	4. 302 ***	3. 695 ***
Leverage	−9. 669 ***	−17. 074 ***
State	控制	控制
Location	控制	控制
Industry	控制	控制
YEAR	控制	控制
_ cons	59. 177 ***	14. 866
N	1542	571
R²	0. 238	0. 244

注：表中数字为被解释变量的系数，括号中数字为检验 t 值；* 表示 $p<0.05$，** 表示 $p<0.01$，*** 表示 $p<0.001$。

5.4.2.2　假设 5-2 的检验与分析

表 5-9 中的模型（1）、模型（2）、模型（3）、模型（4）经过豪斯曼检验（Hausman Test），检验结果显示 P 值为 $0.0000<0.005$，所以强烈拒绝原假设，应采用固定效应模型，表 5-9 中展示的都是固定效应模型。

表 5-9 中的模型（1）、模型（2）、模型（3）、模型（4）分别考察了与

收益相关的政府补助（Subsidy）、与资产相关的政府补助（Subsidy1），与涉农上市公司长期财务绩效指标 RROE 的滞后一期（RROE1）、滞后二期（RROE2）的关系，可以看出，在四个模型中，政府补助变量的系数都为负数，且都具有显著性，其中，模型（1）、模型（3）、模型（4）的政府补助变量系数在 0.1% 水平显著，模型（2）的政府补助变量系数在 5% 水平显著，这说明，无论是与收益相关的政府补助还是与资产相关的政府补助，对企业长期财务绩效都是负向的影响，即政府补助水平越高，涉农上市公司的长期财务绩效越低，证实了假设 5-2 成立。

从控制变量来看，企业规模、企业增长能力、资本结构等不同程度具有显著性，说明企业长期财务绩效的提高需要专注于企业竞争能力和财务状况的改善。

表 5-9　涉农上市公司政府补助与财务绩效关系的假设 5-2 检验结果

变量	模型（1）	模型（2）	模型（3）	模型（4）
	RROE1	RROE1	RROE2	RROE2
Subsidy	-0.984^{***}		-0.902^{***}	
	(-3.85)		(-3.42)	
Subsidy1		-0.511^{*}		-1.054^{***}
		(-2.57)		(-5.87)
Size	-7.765^{***}	-3.991^{*}	-7.096^{***}	-3.643
	(-10.80)	(-1.99)	(-8.21)	(-1.66)
Growth	1.515	-1.166	-0.971	-6.159^{***}
	(1.51)	(-0.64)	(-0.86)	(-3.42)
Leverage	-16.851^{***}	-5.976	-18.681^{***}	-9.096
	(-5.21)	(-0.81)	(-5.15)	(-1.26)
State	控制	控制	控制	控制
Location	控制	控制	控制	控制
Industry	控制	控制	控制	控制
YEAR	控制	控制	控制	控制
_ cons	176.508^{***}	89.397^{*}	164.763^{***}	86.319
	(11.15)	(2.00)	(8.69)	(1.77)

续表

变量	模型（1） RROE1	模型（2） RROE1	模型（3） RROE2	模型（4） RROE2
N	1441	562	1288	548
R^2	0.107	0.024	0.081	0.129

注：表中数字为被解释变量的系数，括号中数字为检验 t 值；＊表示 p<0.05，＊＊表示 p<0.01，＊＊＊表示 p<0.001。

5.4.3 稳健性检验

在验证假设 5-1 时，采用的短期绩效指标为大多数研究常用的总资产报酬率（ROA），衡量长期财务绩效采用的是经过调整的净资产收益率（RROE），并进行滞后一期和滞后二期处理。为了使检验结果具有可靠性，采用其他反映短期绩效和长期绩效指标进行检验，将衡量短期绩效指标换为当期净资产收益率，衡量长期绩效指标换为滞后一期和滞后二期的净资产收益率，检验结果如表 5-10 所示，可以看出，与收益相关的政府补助和与资产相关的政府补助对涉农上市公司短期财务绩效和长期财务绩效的影响基本相同，说明政府补助对涉农上市公司短期财务绩效和长期财务绩效的影响结论具有稳健性。

表 5-10 涉农上市公司政府补助与财务绩效关系的稳健性检验

变量	（1） ROE	（2） ROE	（3） ROA1	（4） ROA1	（5） ROA2	（6） ROA2
Subsidy	0.496* (2.02)		-0.485*** (-4.54)		-0.196 (-1.71)	
Subsidy1		-0.149 (-0.86)		-0.259*** (-3.67)		-0.310*** (-4.48)
Size	-8.282*** (-12.88)	-5.678** (-2.91)	-3.106*** (-10.26)	-3.114*** (-3.71)	-2.500*** (-6.96)	-2.339** (-2.67)
Growth	9.887*** (11.07)	9.826*** (5.41)	-0.135 (-0.32)	-1.793* (-2.41)	-1.136* (-2.49)	-1.436* (-2.06)
Leverage	-19.340*** (-6.42)	-29.601*** (-4.11)	-8.679*** (-6.10)	-5.088 (-1.72)	-8.183*** (-5.14)	-1.469 (-0.52)

变量	（1）	（2）	（3）	（4）	（5）	（6）
	ROE	ROE	ROA1	ROA1	ROA2	ROA2
State	控制	控制	控制	控制	控制	控制
Location1	控制	控制	控制	控制	控制	控制
Industry5	控制	控制	控制	控制	控制	控制
_ cons	193.431***	142.199**	79.447***	78.167***	66.689***	60.420**
	(13.65)	(3.28)	(11.87)	(4.20)	(8.43)	(3.11)
N	1529	567	1454	567	1303	551
R^2	0.194	0.103	0.100	0.080	0.062	0.075

5.5　结论与启示

在本章研究中，使用万得（WIND）数据库中涉及农业的 187 家上市公司 2007~2016 年的数据，基于理论分析与研究假设，借助面板平衡数据的固定效应模型实证检验了政府补助对涉农上市公司短期财务绩效和长期财务绩效的影响。本章研究表明：

（1）政府补助对企业财务绩效是有影响的，与收益相关的政府补助和与资产相关的政府补助对涉农上市公司的短期财务绩效和长期财务绩效影响不同。

（2）与收益相关的政府补助由于在会计上直接计入当期损益，因此，与涉农上市公司的短期财务绩效显著正相关，对涉农上市公司当期财务绩效的表现起促进作用。

（3）与资产相关的政府补助在会计上计入资产负债表中的递延收益，研究表明，这种类型的政府补助与涉农上市公司的短期财务绩效负相关。

（4）与收益相关的政府补助、与资产相关的政府补助与涉农上市公司的长期财务绩效都表现出负相关关系，且都具有较高的显著性水平，并且随着时期拉长，显著性水平还在提高。

综合以上研究结果，可以得出结论：对于涉农上市公司来说，政府补助仅仅对企业短期财务绩效提升起到一定的促进作用，这也可以解释现实中涉农上市公司为什么积极争取政府补助，但是，从长期来说，政府补助对涉农上市公司并没有起到提升财务绩效、增强竞争能力的作用。可以说，政府补助对涉农上市公司财务绩效的影响，已经违背了国家扶持企业的动机，大量的政府补助并没有使企业具备自我发展的核心能力，反而使企业可能出现道德风险，使政府补助资金存在政策性风险。

根据本章研究的结论，本书得出如下政策启示：

第一，政府补助对涉农上市公司具有扶持作用，但这种作用应体现在培养涉农公司的"自生能力"，简单地通过资金扶持反倒使企业形成对政府补助资金的依赖，使企业越补越弱，出现一种补弱效应。政府应转变观念，按市场规律管理经济，对于竞争性企业应减少干预，政府对企业的扶持应专注于减少企业的政策性负担，营造公平市场竞争环境。

第二，提高政府补助资金的使用效率。我国涉农上市公司普遍连续多年收到政府补助，但政府补助资金在获取时，没有明确的绩效约束，很多政府补助项目往往以很宽松的验收标准结题，验收标准大多强调资金使用的合法性和预算度，并没有强调资金使用的财务绩效性，所以，我国上市公司政府补助资金很少有被政府收回的案例。政府对政府补助资金的使用应加强管理，不仅要考核涉农公司使用政府补助资金的合法性、合规性，还应重点考核涉农公司使用政府补助资金的效益性，对于没有达到考核要求的，建立政府补助资金强制收回制度。

第三，建立政府补助资金分类管理制度。对接受补助资金的涉农公司的能力进行综合考核，通过技术能力、研究能力、财务能力和可持续经营能力等方面筛选受助企业，尽可能减少政府与涉农公司之间的信息不对称程度。减少没有特定要求或条件的政府补助资金支持，增加可以提高涉农公司核心竞争能力的政府补助，如涉农技术改造、减少污染排放、新产品和新技术研发等，避免涉农公司形成对政府补助资金的依赖。

5.6 本章小结

本章采用 187 家涉农上市公司 2007~2016 年的财务数据，利用固定效应模型，从财务绩效角度检验了政府补助对涉农上市公司绩效影响，检验结果表明，与收益相关的政府补助对企业当期的财务绩效具有正向的促进作用，但对长期绩效有负面影响；与资产相关的政府补助对企业短期财务绩效和长期财务绩效都是负向影响。

研究结论表明，我国目前涉农上市公司的政府补助对企业财务绩效不但起不到促进作用，还降低了企业的财务绩效，主要原因是政府补助资金的使用效率低下。

❻

涉农上市公司政府补助对公司
非财务绩效的影响研究

6.1　引言

随着我国经济结构的调整，政府补助也越来越成为政府干预经济和实现政府目标的工具。政府给予企业政府补助的动机是多元的，相关研究表明，这些动机主要有促进企业发展、促进就业、促进技术进步和应用、促进财政收入的增加、保牌摘帽等，但是，在这些动机下，政府补助的财务绩效并不理想，对于涉农上市公司来说，本书第 5 章的研究已经表明，政府补助仅对涉农上市公司的短期财务绩效有促进作用，但对涉农上市公司长期财务绩效的影响是负面的，这说明政府给予涉农上市公司政府补助的财务绩效是低效率的，是一种"输血型"的政府补助效应。由此，本章提出一个问题：既然政府补助的财务绩效是低效的，为什么我国各级政府还不遗余力对涉农上市公司进行政府补助扶持呢？

众所周知，资金是有成本的，政府财政资金也是有成本的，如果政府不把财政资金用于涉农上市公司的补助扶持，可以用于其他可能创造更高效益的用途，由此可以推出，政府给予涉农上市公司补助，除了财务绩效方面的动机，还有非财务绩效方面的动机。目前有关政府补助对企业财务绩效影响方面的研究较多，但有关政府补助对非财务绩效影响方面的研究较少，研究角度多从政府补助对企业研发的影响方面展开，很少系统地研究政府补助对涉农上市公司非财务绩效的影响。

为了进一步认识政府补助对涉农上市公司的经济后果和影响，本章研究从就业、研发投资、财政收入、社会责任等角度来定义企业的非财务绩效，以更全面考察政府补助对涉农上市公司的绩效影响，并确定目前我国对涉农上市公司政府补助的经济和社会效果。

6.2 理论分析与假设

非财务绩效是相对财务绩效而言的，财务绩效以企业盈利能力为核心，可以通过企业财务报表进行衡量和考核，但财务绩效以反映历史信息为主，具有滞后性，易导致管理者为了短期利益而违背企业长远战略，而非财务绩效主要是指企业整体绩效中的定性部分，包括财务绩效不能涵盖的所有方面，涉及大量的定性影响因素。

在政府补助对企业非财务绩效的影响中，根据政府补助的动机分析，非财务绩效有多种表现，主要有促进就业、促进技术研究、促进政府财政收入增加、促进企业履行社会责任四个方面。

6.2.1 政府补助对促进就业的影响

就业是世界各国政府都高度重视的问题，瑞典、英国、美国等国的政府通过工资补助、金融补助和高科技发展补助等政策实现了就业率的提高（Carlsson，1983；Wren 和 Waterson，1991；Jenkins，Leicht 和 Jaynes，2006）。我国作为一个人口大国，就业问题关系到国家经济增长和社会稳定，在我国政府制订经济政策时，就业始终是被关注的重点问题，党的十八大把充分就业作为全面建成小康社会的目标，并明确促进就业的基本方针是"劳动者自主就业、市场调节就业、政府促进就业和鼓励创业"。

农业属于劳动密集型行业，具有较强的就业创造能力，而涉农上市公司作为农业龙头企业，其对地区就业水平提高具有较大的促进作用。2012 年 2 月发布的《促进就业规划（2011–2015 年）》中提出，"注重发展现代农业、精细农业，推进农业产业化经营，不断增加农村就业机会"，2017 年 2 月发布的《"十三五"促进就业规划》中进一步提出，"要加快发展现代农业，创造更多职业农民的就业机会，完善政策扶持体系，发展农业企业等新型农业经营主体，扩大职业农民的就业规模。"地方政府积极实施就业优先战略，把促进就业作为经济社会发展的第一目标，而就业率也成为对地方政府绩效考核的重要指标，因此，各级政府有较强的动机通过各种形式的政府补助来稳定和促进就业（王凤翔和陈柳钦，2006；Richard，2006；唐清泉和罗党论，2007；臧志彭，2014），而涉农上市公司作为劳动密集型企业，是吸纳劳动力的重要企业，受到各级政府的重点关注和扶持。

目前，关于政府补助对就业影响效果的经验研究较少，针对涉农上市公司的政府补助对就业影响效果的经验研究更少。臧志彭（2014）认为，政府补助对文化产业的就业具有直接和间接的促进效用，并且对国有文化企业的促进效应低于民营企业。张伯伟和沈得芳（2015）利用2001～2007年工业企业数据，应用"配对倍差法"进行经验研究发现，政府补助具有促进就业的作用。政府补助对就业具有促进作用的原因是，政府专门的就业补助有助于减少企业招聘和培训新员工的成本，缓解企业资金短缺的局面，降低科研投入的风险，增加了企业加大资本性支出和上马新项目的积极性，进而促使企业雇用更多的员工。基于以上分析，本章提出假设6-1。

【假设6-1】 获得的政府补助越多，涉农上市公司的就业促进效应越好。

6.2.2 政府补助对促进技术研究的影响

以熊彼特为代表的技术创新理论认为，技术进步是经济增长的重要源泉。但是，技术具有非竞争性和非他性的特征（罗默，1990），即技术具有公共物品的属性，因此，如果没有激励或补偿，私人资本是不愿意进行技术研究投入的，所以，无论是发达国家还是新兴发展中国家，为促进本国经济发展，对科技进行了长期和大量的投资。根据美国国家科学基金会发布的《2016年科学与工程指标》报告，全球研发投入从2003年的0.84万亿美元增长至2013年的1.67万亿美元，其中，中国研发增量是全球的34%，排第一位，其次是美国（20%）和欧盟（16%），再次是日本（6%）和韩国（5%），这反映出各国在科学技术领域的竞争加剧。

但是政府对于研发补助的支持，国外学者对其效应有不同观点。相关研究（D'Aspremont 和 Jacquemin，1988；González 和 Pazó C，2005；Czarnitzki 和 Toole，2007）表明，政府的科研性补助支持资金，减少了企业技术投资的不确定性，促进了合作研究，提高了企业（尤其是中小企业）技术投资的积极性，具有"溢出效应"。但是，相关研究（Wallsten，2000；Link 和 Scott，

2009）以美国小企业为研究对象，认为政府科研补助并不能促进中小企业提高其研发投资，具有"挤出效应"。

我国对于政府研发补助的效应研究（范方志和张耿庆，2004；刘楠和杜跃平，2005；柳剑平等，2005；姜宁和黄万，2010）大多支持政府的研发补助具有"溢出效应"，政府补助降低技术研发的外部性效应，激励企业进行技术投入。由于我国政府对农业发展高度重视，把农业作为国民经济的基础产业，在各年的"一号文件"中也反复提出要加大发展农业科技，所以对涉农公司的研发补助较多。基于以上分析，本章提出假设6-2。

【假设6-2】 获得的政府补助越多，涉农上市公司的研发投入越多。

6.2.3 政府补助对地方财政收入的影响

政府补助是各级政府根据经济发展规划和产业发展政策，对特定行业和特定企业的扶持，是政府干预市场经济、抑制"市场失灵"的手段之一。

目前，对于政府基于促进财政收入增加而实施的政府补助动机研究较少（高娃，2013），政府补助对财政收入（税收缴纳）的影响研究也较少，仅唐清泉和罗党论（2007）的研究中有所涉及，该研究用"下一年税收总额/下一年资产总额"来衡量政府补助创造的社会效益，检验结果表明，政府补助与税收/资产指标呈显著正相关关系，政府补助能够提高企业缴纳的税收，对提高政府财政收入有促进作用。从政府目标角度来看，政府补助资金也是一种政府对企业的"投资"，表面上政府补助资金使用具有无偿性，但由于地方政府官员的政绩考核压力，政府会选择辖区内的企业进行补助扶持，以增加辖区内的税收收入，实现经济绩效。政府补助对地方财政收入的促进作用是间接的，其机制是，政府补助增加了企业的资本和投资，进而促进了地区经济增长，带动了受资助企业上游和下游企业发展，维持或增加了就业机会，政府以短期财政预算资金的减少换取了未来更多的财政收入。

但是，政府采用政府补助手段来激励企业增加税收支出可能是难以达到的。在我国财政分权体制下，地方政府为了提高本地区上市公司的竞争力，获得更多的外部资源来推动地方经济发展，不会完全把受助企业的纳税贡献大小作为资助条件，这样，即使一些企业并不能带来更多财政收入的增加，也会得到较多的政府补助。具体到涉农上市公司，由于农业的弱质性，导致农业企业存在经营不稳定和盈利有风险，因此农业企业税源不足，纳税基础较差；另外，农业的基础地位，使涉农相关企业享受各种税收优惠，实际税负相比其他行业企业较低，但与此同时，各级政府高度重视农业发展，给予了农业企业大量政府补助，从而出现了涉农公司获得的政府补助越来越多，而纳税支出相比政府补助越来越少的情况。基于以上分析，本章提出假设6-3。

【假设6-3】获得的政府补助越多，涉农上市公司为政府提供的财政收入贡献越小。

6.2.4 政府补助对促进企业履行其社会责任的影响

社会捐赠是企业履行其社会责任的重要体现，陈迅和韩亚琴（2005）认为，社会责任有三个层次，其中社会责任的最高层次就是企业要热心社会公益和慈善捐赠。李彦龙（2009）认为，企业作为"道德人"，应参与公益事业和进行慈善捐赠。政府希望企业除了追求经济利益外，要履行一定的社会责任，并愿意给履行社会责任的企业给予补助和鼓励。因此，唐清泉和罗党论（2007）认为，政府补助作为政府干预经济的一种直接手段，在维护企业社会目标方面起着很大的作用。杜勇等（2015）以亏损企业为研究对象，认为企业与政府存在"利益互惠"。也就是说，企业通过捐赠获得政府更多的政府补助支持，而政府通过给予企业政府补助来鼓励企业进行社会捐赠。

农业与民生密切相关，涉农公司的产品具有公共产品的属性，因此，涉农公司担负了较多的社会责任，而政府补助会促进涉农公司履行其社会责任。唐鑫和陈永丽（2016）认为，政府补助对农业上市公司承担社会责任具有显著的正向关系，政府通过直接的政府补助来促进农业上市公司履行更多社会责任。基于以上分析，本章提出假设6-4。

【假设6-4】政府补助越多，越能促进涉农上市公司履行其社会责任。

6.3 研究设计

6.3.1 数据描述

本章研究样本是涉农行业的上市公司，根据农业经营的产业链，从A股上市公司中选择为农业提供生产资料的农机、化肥、农药等上游企业 57 家，农业生产中的中游企业 45 家，农产品加工与食品制造的下游企业 85 家，共计 187 家企业组成涉农上市公司。

本章研究涉农上市公司数据的取数周期为 2007~2016 年，其中，除企业捐赠金额和高管薪酬数据获取来自国泰安（GSMA）数据库外，其他数据来自 WIND 数据库。有关政府补助数据也来自 WIND 数据库，与收益相关的政府补助数据取自数据库中"报表附注—非经常性损益—政府补助"，与资产相关的政府补助数据取自数据库中"递延收益"，并利用 STATA 软件的 merge 命令，依据企业代码和年度代码进行了合并，最终形成的数据类型为平衡面板数据。

6.3.2 模型设计

本章从四个方面研究政府补助对涉农上市公司非财务绩效的影响，因此，根据假设，确定的模型为：

$$Y_{it} = \alpha_0 + \alpha_1 X_{it} + \alpha_2 Control_{it} + u_{it}$$

其中，Y_{it} 为被解释变量，反映企业非财务绩效，具体细分为反映促进就业的衡量指标、反映促进技术研究的衡量指标、反映促进政府财政收入的衡量指标和反映履行社会责任的衡量指标；X_{it} 为解释变量，为反映政府补助的衡量指标；$Control_{it}$ 为控制变量；u_{it} 为随机项；α_i 为回归系数；i = 1，2，…，187；t = 2007，2008，…，2016。

对模型进行霍斯曼检验（Hausman 检验），根据 H 统计量的伴随概率判断模型是随机效应模型还是固定效应模型。

6.3.3 变量选择

6.3.3.1 被解释变量

本章主要研究政府补助对涉农上市公司非财务绩效的影响，而非财务绩效本书定义为四个方面：促进就业、促进技术研究、促进政府财政收入增加和促进企业履行社会责任，所以，本章研究的被解释变量主要有四个。

（1）促进就业的衡量指标。

涉农上市公司属于传统行业，是劳动密集型行业，对就业的拉动作用明显。在相关研究中，促进就业的衡量指标主要有每万元主营业务收入雇员比例（缩略语为staffsale）（唐清泉等，2007）、职工总数（臧志彭，2014）。但是，对于涉农上市公司来说，企业规模越大、销售收入越多，其雇用的员工就越多，因此，为了消除企业规模对涉农上市公司促进就业能力的影响，本章研究采用每万元主营业务收入雇员比例作为反映涉农上市公司促进就业绩效的衡量指标，其计算公式为：

$$Staffsale = 企业员工总人数 / 主营业务收入$$

其中，主营业务收入的单位为万元。

（2）促进技术研究的衡量指标。

在国内外相关研究中采用的衡量促进技术研究的指标常用研发投入与销售收入的比例（唐清泉和罗党论，2007；吕久琴，2013；吕晓军，2016）、研发支出水平（姜宁和黄万，2010；刘虹等，2012）。由于研发投入占销售收入的比重（缩略语为RDR）是国际通行的衡量科技创新的核心指标，并且《高新技术企业认定管理办法》（国科发火〔2016〕32号）在认定"高新技术企业"资格时，要求"研究开发费用总额占同期销售收入总额的比例"要达到一定要求，因此，本书借鉴相关研究，选用企业的研发强度指标，即研发支出占主营业务收入的比重，作为涉农上市公司的政府补助对促进企业技术研究的衡量指标，其计算公式为：

$$RDR = 研究与开发支出总额 / 主营业务收入$$

（3）促进政府财政收入增加的衡量指标。

政府财政收入的来源主要是通过税收获得，企业税收对政府财政收入的贡献较大，所以目前的相关研究多采用企业税收贡献为核心的指标来衡量政府财政收入，主要有税收总额/总资产（唐清泉和罗党论，2007；孙维章和干胜道，2014；吕晓军，2016）、税收缴纳总额（申香华，2010）、报表中的"应交税费"列示金额（高娃，2013）。由于企业交纳的税费多少与企业规模密切相关，所以，为了消除不同规模企业之间的差异，本书借鉴唐清泉和罗党论（2007）的研究，采用"税收总额/总资产"指标（缩略语为Taxrate）作为涉农上市公司的政府补助对促进政府财政收入的衡量指标，其计算公式为：

$$Taxrate = 税收支出总额 / 总资产$$

（4）促进企业履行社会责任的衡量指标。

企业履行社会责任的主要表现就是进行社会捐赠，本章借鉴杜勇和陈建英（2016）的研究，采用企业当年进行捐赠金额的自然对数（缩略语为 DON）作为衡量涉农上市公司履行社会责任的衡量指标，其计算公式为：

$$DON = \ln（捐赠支出）$$

6.3.3.2　解释变量

涉农上市公司获得的政府补助在年报中营业外收入项目下披露，本章借鉴唐清泉和罗党论（2007）、刘云芬等（2015）等的研究，用"政府补助占企业主营业务收入的比重"来衡量政府补助强度，并且，根据政府补助会计确认的不同，确定解释变量为两个，分别为"与收益相关的政府补助（Subsidy）"和"与资产相关的政府补助（Subsidy1）"，计算公式为：

$$Subsidy = 与收益相关的政府补助／主营业务收入$$

$$Subsidy1 = 与资产相关的政府补助／主营业务收入$$

6.3.3.3　控制变量

本章研究确定的非财务绩效有四个方面，依据大多数企业对绩效的研究，确定了企业规模、资本结构、成长能力、股权性质、行业、地区、年度等变量作为非财务绩效共同的控制变量，具体变量的定义与取值参见本书第 5 章。但是，影响这四方面的因素存在一定差异，在回归模型中，根据不同情况有所不同。

借鉴相关的研究（唐清泉和罗党论，2007；张小有等，2016；张伯伟和沈得芳，2015），工资福利水平越高的企业，其对员工的吸引能力越强，就业促进效果越好，因此，确定企业的工资与福利水平为涉农上市公司的政府补助促进就业绩效的控制变量之一。

影响企业税收贡献的因素很多，除了宏观因素外，还有企业自身微观因素，主要包括企业规模、财务杠杆（资本结构）、存货密集度、盈利能力、管理水平等因素，借鉴厉庭炜（2015）的研究，本章确定资本密集度（capital intensity，cpint）、存货密集度（Inventory intensity，invint）作为涉农上市公司的促进财政收入的控制变量之一。

影响企业捐赠的因素很多，刘琳秀（2015）认为，企业的盈利能力、公司规模、高管收入水平等影响企业的捐赠，依此，本章研究将公司高管收入作为涉农上市公司的政府补助促进企业履行社会责任的控制变量之一。

以上变量含义、计算公式和赋值方式参见表6-1。

表6-1　非财务绩效变量定义

变量类型	变量名	符号	赋值方式
被解释变量	员工比例	staffsale	每万元主营业务收入雇员人数
	研发投入强度	RDR	研发投入占主营业务收入的比例
	税收对财政收入的贡献	Taxrate	企业的税收支出总额/总资产
	社会责任	DON	捐赠金额的自然对数，如无捐赠，则为零
解释变量	与收益相关的政府补助	Subsidy	当年与收益相关的政府补助总额/当年主营业务收入×100
	与资产相关的政府补助	Subsidy1	当年与资产相关的政府补助总额/当年主营业务收入×100
控制变量	公司规模	Size	平均资产总额的自然对数
	成长能力	Growth	主营业务收入增长率
	资本结构	Leverage	资产负债率
	企业产权性质	State	国有资本控股为1，否则为0
	企业所处地区	Location	地区哑变量
	企业行业类型	Industry	行业哑变量
	净资产收益率	ROE	净利润/平均净资产
	工资与福利水平	WageR	工资福利总额/员工总数
	资本密集度	cpint	固定资产/总资产
	存货密集度	invint	存货总额/总资产
	高管收入水平	Pay	企业排名前三的高管薪酬合计
	企业是否盈利	Gain	二值离散选择变量，如当年净利润>0，则为1否则为0（分组变量，用于稳健性检验）

6.4 实证检验

6.4.1 描述性统计分析与相关性检验

6.4.1.1 描述性统计分析与 T 检验

表 6-2 报告了涉农上市公司的非财务绩效指标的描述性统计结果。从表 6-2 中可以看出，每万元主营业务收入雇员人数最多为 0.16，涉农上市公司每万元主营业务收入雇员人数平均值为 0.02，说明涉农上市公司具有一定的就业带动能力。研发投入强度指标（RDR），最大值为 8.15，最小值为 0.03，平均值为 1.97，这说明，披露信息的涉农上市公司都进行了相应比例的研发投入，但需要注意的是，有相当数量的涉农上市公司研发投入信息披露不全，导致观测值较少；税收对财政收入贡献指标（Taxrate）最大值是 21.94，最小值是 0.04，平均值是 3.38，这说明，涉农上市公司对税收有一定的贡献，但贡献水平有较大差别；涉农上市公司社会责任的捐赠水平（DON）指标，最大值为 21.94，最小值为 0.04，平均值为 11.45，样本量较多，说明大部分涉农上市公司都进行了一定程度的社会捐赠，普遍履行了一定的社会责任。

与收益相关的政府强度（Subsidy）最大值为 14.79，最小值为 0.01，平均值为 1.18，这说明涉农上市公司都不同程度获得了与收益相关的政府补助，有助于企业利润的提升；与资产相关的政府补助强度（Subsidy1）最大值为 47.67，最小值为 0.02，平均值为 3.31，这说明涉农上市公司同样也收到了不同程度的与资产相关的政府补助。但是，从总体上，与资产相关的政府补助强度要高于与收益相关的政府补助。

在影响非财务绩效的控制变量中，涉农公司规模、企业成长、资本结构和盈利能力的描述统计可参考本书第 5 章。除此之外，工资与福利水平（WageR）最大值为 54176，最小值为 3.650，平均值为 11124，说明涉农上市公司工资福利水平存在较大差异；资本密集度（cpint）最大值为 54，最小值为 2，平均值为 29.23，这说明涉农上市公司具有较高的资本密集度；存货密集度

（invint）最大值为 54.41，最小值为 0.98，平均值为 17.5，说明涉农上市公司存货投资程度具有差别，有些公司依赖较多的存货；高管收入水平（Msalary）最大值为 674.3，最小值为 14.23，平均值为 137.9，这说明，涉农上市公司高管收入处于较高水平。

表 6-2 非财务绩效指标描述性统计分析（缩尾处理）

变量	样本数	平均值	标准差	中位数	最小值	最大值
staffsale	1654	0.0200	0.0200	0.0100	0	0.160
RDR	423	1.970	1.760	1.420	0.0300	8.150
Taxrate	1742	3.380	4.060	2	0.0400	21.94
DON	1063	11.45	3.660	12.21	0	17.24
Subsidy	1576	1.180	2.090	0.560	0.0100	14.79
Subsidy1	577	3.310	6.270	1.440	0.0200	47.67
Size	1743	21.44	1.160	21.38	18.73	24.45
Growth	1669	0.200	0.470	0.120	−0.560	3.240
Leverage	1743	0.460	0.210	0.460	0.0500	1.060
ROE	1721	9.580	18.24	8.770	−71.97	57.48
WageR	528	11124	10429	8138	3.650	54176
cpint	1743	29.25	15.33	27.52	2	68.32
invint	1741	17.70	11.53	15.06	0.980	54.41
Msalary	1411	137.9	123.5	101.0	14.23	674.3

为了更深入理解我国涉农上市公司非财务绩效及其影响因素之间的差异，本章以企业产权性质维度为分组标准，对样本数据进行均值 T 检验，以提示样本数据的差异性，参见表 6-3。

从表 6-3 可以看出，每万元主营业务收入雇员人数指标（staffsale）的平均值在国有控股涉农上市公司和非国有控股涉农上市公司之间没有显著性差异；技术研究投入比例（RDR）指标两类企业之间具有显著性的差异，并且非国有控股涉农上市公司研究投入占销售收入比例的均值高于国有控股涉农上市公司，说明非国有控股涉农上市公司进行了更多的研究投入；税收对财政收入贡献指标（Taxrage）均值也显著不同，并且非国有控股涉农上市公司的税收贡献高于国有控股涉农上市公司，相对而言，非国有控股的涉农上市公司缴纳了更多的税收；反映企业社会责任的指标（DON）在国有控股涉农上市公司和非国有控股涉农上市公司中具有显著性差异，其值为正，说明非国有控股涉农上市公司履行社会责任（捐赠）高于国有控股涉农上市公司。

从控制变量角度来看，在工资福利水平（WageR）方面，国有控股涉农上市公司要高于非国有控股涉农上市公司，但不具有显著性；在资本密集度（cpint）方面，国有控股涉农上市公司要高于非国有控股涉农上市公司，并且具有较高显著性；在存货密集度（invint）指标的均值方面，非国有控股涉农上市公司要高于国有控股涉农上市公司，但不具有显著性；在高管收入指标（Msalary）方面，非国有控股涉农上市公司要高于国有控股涉农上市公司，具有较高显著性，说明非国有涉农上市公司高管收入水平显著高于国有控股涉农上市公司。

另外，涉农上市公司的规模、成长能力、资本结构、盈利能力等的描述统计与 T 检验参见本书第 5 章解释。

表6-3　涉农上市公司非财务绩效主要指标的 T 检验（产权性质维度）

变量	国有控股	非国有控股	国有与非国有控股企业的均值差异
staffsale	0.0178892	0.0190821	0.0011929
	(0.0007911)	(0.000662)	(0.0010559)
RDR	1.601667	2.177363	0.575696 ***
	(1.755963)	(1.736748)	(0.177208)
Taxrate	2.838268	3.689882	0.8516139 ***
	(3.408979)	(4.348539)	(0.2015526)
DON	11.1583	11.63504	0.4767445 **
	(3.757064)	(3.586795)	(0.2302035)
WageR	11847.35	10739.74	−1107.609
	(10393.06)	(10442.01)	(953.3715)
cpint	32.13521	27.63432	−4.500889 ***
	(16.28545)	(14.52076)	(0.7577855)
invint	17.18302	17.99317	0.8101523
	(11.62545)	(11.47426)	(0.5759824)

变量	国有控股	非国有控股	国有与非国有控股企业的均值差异
Msalary	119. 3377	150. 7352	31. 39754 ***
	（103. 1984）	（134. 3325）	（6. 633845）

注：表中数字为均值，均值差异为非国有控股减国有控股，括号内为标准差；＊代表 10% 水平下显著，＊＊代表 5% 水平下显著，＊＊＊代表 1% 水平下显著。

6.4.1.2 相关性检验

表 6-4 报告了本章研究的主要变量之间的相关性检验。可以看出，在 Pearson 检验中，政府补助指标（Subsidy、Subsidy1）与每万元就业人数（staffsale）指标存在较强的显著正相关；政府补助指标（Subsidy、Subsidy1）与研究投入（RDR）的相关系数为正，但不具有显著性；政府补助指标（Subsidy、Subsidy1）与税收对财政收入的贡献指标（Taxrage）存在负相关，在 10% 水平显著；政府补助指标（Subsidy、Subsidy1）与社会责任指标（DON）的相关系数为负，但不存在显著性。在 Spearman 检验中，政府补助指标（Subsidy、Subsidy1）与每万元就业人数（staffsale）指标存在较强的显著正相关（1% 水平）；与收益相关的政府补助（Subsidy）与研究投入（RDR）的相关系数为正，但不具有显著性，而与资产相关的政府补助（Subsidy1）与研究投入（RDR）的相关系数为正，并且在 5% 水平具有显著性；政府补助指标（Subsidy、Subsidy1）与税收对财政收入的贡献指标（Taxrage）存在负相关，在 5% 水平显著；与收益相关的政府补助（Subsidy）与社会责任指标（DON）的相关系数为负，且在 5% 水平存在显著性，而与资产相关的政府补助（Subsidy1）与社会责任指标（DON）的相关系数为负，不存在显著性。总之，本章研究的解释变量与被解释变量之间存在较高程度的相关性。

另外，从表 6-4 中也可以看出大部分控制变量与被解释变量之间存在一定的相关性，并且具有较高的显著性。但是，从表 6-4 中也可以看到，部分解释变量之间存在一定的相关性，因此，本章研究为了避免变量之间存在多重共线性，影响假设检验的可靠性，采用方差膨胀系数因子（Variance Inflation Factor，VIF）来判断变量之间的多重共线性。如表 6-5 所示，各变量的 VIF 值最大为 7.94，都低于 10，因此，可以确定被解释变量不存在严重的多重共线性问题。

表6-4 非财务绩效主要变量相关性检验

变量	staffsale	RDR	Taxrate	DON	Subsidy	Subsidy1	Size	Growth	Leverage	ROE	WageR	cpint	invint	Msalary
staffsale	1	-0.0717	-0.0418	-0.310***	0.385***	0.265***	-0.259***	-0.132*	-0.0977	-0.210***	-0.315***	0.0599	-0.219***	-0.176**
RDR	-0.147**	1	0.0946	0.0732	0.0659	0.172***	-0.254***	-0.0524	-0.257***	0.0675	0.115	-0.189***	0.00260	-0.000900
Taxrate	-0.0230	-0.106	1	0.0187	-0.188***	-0.169**	-0.0790	-0.0154	-0.228***	0.314***	-0.0160	-0.0383	-0.0522	0.215***
DON	-0.237***	0.0466	0.00570	1	-0.157**	-0.118	0.400***	0.0305	0.116	0.101	0.257***	-0.0132	0.0386	0.348***
Subsidy	0.244***	0.00220	-0.132*	-0.0818	1	0.402***	-0.0899	-0.102	0.128*	-0.253***	-0.00760	-0.0919	-0.0199	-0.112
Subsidy1	0.213***	0.0755	-0.137*	-0.0630	0.750***	1	-0.193***	0.00800	0.186**	-0.285***	-0.0397	0.124*	-0.0722	-0.221***
Size	-0.123*	-0.219***	-0.0493	0.358***	-0.0417	-0.0891	1	-0.0964	0.410***	0.0242	0.0348	0.0564	-0.0245	0.303***
Growth	-0.0619	-0.0707	-0.0913	0.0503	-0.118	-0.0157	-0.0869	1	-0.124*	0.330***	0.110	-0.0869	0.0315	0.0673
Leverage	-0.0782	-0.291***	-0.244***	0.0685	0.114	0.0562	0.416***	-0.0713	1	-0.297***	0.0380	0.197***	0.0726	0.0141
ROE	-0.150**	0.0970	0.273***	0.101	-0.105	-0.0825	0.0182	0.175**	-0.462***	1	0.181**	-0.0565	0.0533	0.289***
WageR	-0.286***	0.138*	-0.0273	0.231***	-0.0690	-0.0711	0.0321	0.0130	0.0178	0.142*	1	-0.0775	0.0604	0.320***
cpint	0.0555	-0.216***	0.0294	-0.0230	-0.0538	0.0126	0.0825	-0.0971	0.262***	-0.157**	-0.0249	1	-0.135*	-0.0440
invint	-0.176**	0.0240	-0.110	0.0112	0.0100	-0.0434	-0.0683	0.0616	0.0590	0.0563	0.101	-0.206***	1	0.0824
Msalary	-0.0414	-0.0425	0.265***	0.367***	0.0222	0.0642	0.365***	-0.0252	-0.00630	0.228***	0.268***	0.00240	0.0720	1

注：表中右上是 Pearson 检验，左下是 Spearman 检验；* 代表 10%水平下显著，** 代表 5%水平下显著，*** 代表 1%水平下显著。

表 6-5 非财务绩效变量多重共线性检验

变量	方差膨胀系数因子（VIF）	1/VIF
Size	5.45	0.183402
ROE	2.59	0.386232
Subsidy	1.96	0.509583
Subsidy1	1.93	0.516891
Leverage	1.92	0.521708
Msalary	1.60	0.626090
cpint	1.25	0.799459
Invent	1.23	0.810633
Wage	1.23	0.815558
Growth	1.10	0.907254

6.4.2 假设检验

6.4.2.1 假设 6-1 的检验分析

表 6-6 报告了假设 6-1 的检验结果，表中的模型（1）、模型（2）和模型（3）经过豪斯曼检验（Hausman Test），检验结果显示：模型（1）的 Prob> chi2 = 0.7959，大于 0.005，所以应采用随机效应模型，而模型（2）的 Prob> chi2 = 0.8901，大于 0.005，所以应采用随机效应模型，模型（3）的 Prob> chi2 = 0.0007，小于 0.005，所以应拒绝原假设，采用固定效应模型，所以表 6-6 中模型（1）和模型（2）是随机效应模型，模型（3）是固定效应模型。

表 6-6 中的模型（1），考察了与收益相关的政府补助（Subsidy）对属于涉农上市公司非财务绩效之一的就业促进效应的影响，回归系数为正值，这表明，与收益相关的政府补助对涉农上市公司就业促进效应的影响是正向的，但这一结果并不显著，而从模型（2）中可以看出，当对政府补助变量进行滞后一期的处理后，滞后一期的与收益相关的政府补助（Subsidy_1）对涉农上市公司就业促进效应具有正向影响，并在 0.1% 的水平上显著相关，也就是说，当期的政府补助对企业当期的员工数量增加并没有显著影响，但对下一年的企业员工数量增加具有促进作用，究其原因是，与收益相关的政府补助会直接增

加企业的现金流和利润，与企业当年的经营活动关联并不大，但当年流入的经济利益会增强企业下一年的利润增长能力，使企业更愿意扩大再生产，导致当年获得的与收益相关的政府补助对下一年涉农上市公司的就业能力具有正向的促进作用。

从表6-6中的模型（3）可以看出与资产相关的政府补助（Subsidy1）对涉农上市公司就业促进效应具有正向的影响作用（变量系数为正），并且这种影响具有较强的显著性（0.1%水平），这说明，涉农上市公司获得的与资产相关的政府补助有力地促进了企业的就业，主要原因是，与资产相关的政府补助直接形成了企业的生产能力，进而使企业愿意雇用更多的员工来扩大再生产。

另外，从表6-6中可以看出，企业规模、成长能力、资本结构、盈利能力和工资福利水平对涉农上市公司的就业促进效应是有的有正向影响，有的有负向影响，并且具有一定的显著性水平。

从以上分析可以得出结论：尽管与收益相关的政府补助对涉农上市公司当期就业促进效应的影响并不显著，但对下一年的涉农上市公司就业促进效应具有显著的正向影响；与资产相关的政府补助对涉农上市公司的就业促进效应具有显著的正向影响。因此，假设6-1得以证实，政府补助促进了涉农上市公司就业水平的提高。

表6-6　政府补助就业促进效应的检验结果

变量	模型（1）staffsale	模型（2）staffsale	模型（3）staffsale
Subsidy	0.00000042 (0.24)		
Subsidy_1		0.00001093 *** (6.07)	
Subsidy1			0.00001285 *** (15.18)
Size	−0.00187810 * (−2.47)	−0.00272307 * (−2.29)	−0.00196992 (−1.86)
Growth	−0.00217515 ** (−3.22)	−0.00065065 (−0.78)	−0.00131513 * (−1.98)

续表

变量	模型（1）staffsale	模型（2）staffsale	模型（3）staffsale
Leverage	0.00114099	0.01060957**	0.00708334*
	(0.41)	(3.16)	(2.25)
ROE	−0.00005517**	−0.00000201	−0.00003069
	(−2.77)	(−0.09)	(−1.60)
WageR	−0.00000023***	−0.00000013*	−0.00000016**
	(−4.51)	(−1.99)	(−3.00)
state	控制	控制	控制
Location	控制	控制	控制
Industry	控制	控制	控制
_cons	0.05852264***	0.07092877**	0.05378638*
	(3.36)	(2.73)	(2.31)
N	513	513	484
R^2	0.1259	0.16756709	0.4924

注：（1）表中数字为被解释变量的系数，括号中数字为检验 t 值，＊表示 p<0.05，＊＊ 表示 p<0.01，＊＊＊ 表示 p<0.001。

（2）为避免系数为 0，表中数据保留小数为 8 位。

6.4.2.2 假设 6-2 的检验

表 6-7 中的模型（1）和模型（2）报告了假设 6-2 的检验结果，表中的模型（1）和模型（2）经过豪斯曼检验（Hausman Test），检验结果显示：模型（1）的 Prob>chi2 = 0.6088，模型（2）的 Prob>chi2 = 0.9698，都大于 0.005，所以都应采用随机效应模型，表 6-7 中报告的模型（1）和模型（2）是随机效应模型。

表 6-7 中的模型（1）报告了与收益相关的政府补助（Subsidy）对涉农上市公司的研究与开发投入影响，变量系数为正，说明与收益相关的政府补助对涉农上市公司的研究与开发投入的影响是正向的，并且这种影响在 5%水平上显著；模型（2）报告了与资产相关政府补助（Subsidy1）对涉农上市公司的研究与开发投入的影响，变量系数也为正，说明与资产相关的政府补助对涉农上市公司的研究与开发投入影响也是正向的，并且在 1%水平上显著。

另外，涉农上市公司的成长能力和资本结构对其研究与开发投入具有显著的负面影响，而企业规模和盈利能力对其研究与开发投入不具有显著影响。

总之，检验结果表明，政府补助对涉农上市公司的研究与开发的投入具有显著促进作用，涉农上市公司获得的政府补助越多，企业的研究与开发的投入也越多，政府补助对企业的研究与开发投入具有明显促进的作用，从而，本章研究的假设6-2得以证实。

表6-7　政府补助对促进技术研究的检验结果

变量	模型（1）	模型（2）
	RDR	RDR
Subsidy	0.00090719*	
	(2.39)	
Subsidy1		0.00045376**
		(2.86)
Size	−0.10555125	−0.13433733
	(−1.15)	(−1.42)
Growth	−0.34069457**	−0.34053240**
	(−3.27)	(−3.22)
Leverage	−1.777e+00***	−1.708e+00***
	(−4.47)	(−4.13)
ROE	−0.00402766	−0.00163329
	(−1.32)	(−0.54)
state	控制	控制
Location	控制	控制
Industry	控制	控制
_cons	6.28716135**	7.04272775**
	(2.99)	(3.23)
N	417	398
R^2	0.1323	0.1175

注：（1）表中数字为被解释变量的系数，括号中数字为检验t值；* 表示 $p<0.05$，** 表示 $p<0.01$，*** 表示 $p<0.001$。

（2）表中数据保留小数为8位。

6.4.2.3 假设6-3的检验

表6-8报告了假设6-3的检验结果，表中的模型（1）和模型（2）经过豪斯曼检验（Hausman Test），检验结果显示：模型（1）的 Prob > chi2 = 0.0000，模型（2）的 Prob>chi2 = 0.0005，都小于 0.005，所以应拒绝原假设，采用固定效应模型，所以表6-8中模型（1）和模型（2）报告的是固定效应模型。

表6-8中模型（1）报告了与收益相关的政府补助和与资产相关的政府补助对涉农上市公司的税收支出的影响都是负向的，并且分别在 5% 水平和 0.1% 水平上具有显著性，这说明，政府补助的增加没有提高涉农上市公司税收支出，反而降低了涉农上市公司税收支出，这种效应在与资产相关的政府补助中表现尤其明显。

另外，企业规模对涉农上市公司的税收支出具有显著的负向影响，盈利能力、资本密集度和存货密集度对税收支出具有显著的正向影响。

总之，涉农上市公司的政府补助，没有促进涉农上市公司对财政收入的贡献，反而降低了涉农上市公司税收支出，因此，假设6-3得以证实。

表6-8　政府补助对财政收入的检验结果

变量	(1) Taxrate	(2) Taxrate
Subsidy	-0.00061715^* (-2.24)	
Subsidy1		-0.00082173^{***} (-4.49)
Size	-0.51215355^{***} (-6.41)	$-1.156\mathrm{e}+00^{***}$ (-5.66)
Growth	-0.06666484 (-0.63)	-0.19733474 (-1.07)
Leverage	0.42045462 (1.16)	$-1.142\mathrm{e}+00$ (-1.53)
ROE	0.03849387^{***} (12.49)	0.01583493^{**} (3.16)

续表

变量	（1）	（2）
	Taxrate	Taxrate
cpint	0.02165663 ***	0.02002234
	（4.41）	（1.94）
invint	0.02174448 **	0.01775094
	（2.84）	（1.00）
state	控制	控制
Location	控制	控制
Industry	控制	控制
_ cons	1.288e+01 ***	2.849e+01 ***
	（7.12）	（6.12）
N	1527	567
R^2	0.22063325	0.18554652

注：（1）表中数字为被解释变量的系数，括号中数字为检验 t 值；＊表示 p<0.05，＊＊ 表示 p< 0.01，＊＊＊ 表示 p<0.001。

（2）表中数据保留小数为 8 位。

6.4.2.4 假设 6-4 的检验

表 6-9 报告了假设 6-4 的检验结果，表中的模型（1）、模型（2）、模型（3）和模型（4）经过豪斯曼检验（Hausman Test），检验结果显示：四个模型的 Prob>chi2 值都大于 0.005，不应拒绝原假设，所以表 6-9 中模型报告的都是随机效应模型。

为了更全面反映政府补助对涉农上市公司履行社会责任的影响，本章研究不仅检验了本期政府补助对涉农上市公司社会捐赠的影响，还检验了滞后一期的与收益相关的政府补助（Subsidy_ 1）和滞后一期的与资产相关的政府补助（Subsidy1_ 1）对涉农上市公司社会捐赠的影响，检验结果如表 6-9 所示。

从表 6-9 可以看出，当年的与收益相关的政府补助对涉农上市公司当年的社会捐赠影响为负向，而滞后一期的与收益相关的政府补助对涉农上市公司当年的社会捐赠影响为正向，这说明，与收益相关的政府补助降低了当年的企业社会捐赠，但会促进涉农上市公司下一年履行社会责任（社会捐赠），可是，这种影响效应并不具有显著性；与资产相关的政府补助无论是当年还是滞后一年，对涉农上市公司当年的社会捐赠影响都是负向，说明与资产相关的政府补助并不能促进涉农上市公司社会责任的履行，并且这种效应也不具有显著性，因此假设 6-4 没有得到证实。

导致检验结果不具有显著性的主要原因是：各级政府并没有很强烈的动机来通过政府补助鼓励涉农上市公司履行以社会捐赠为代表的社会责任，因此，在政府补助项目的申报条件中没有设定与企业社会责任（社会捐赠）相关的条件，如 2017 年实施的《国家农业综合开发资金和项目管理办法》《2016 年国家农业综合开发产业化经营项目申报指南》等涉农资助文件，申报的条件中主要是要求涉农公司具备一定的经营规模、经济实力、财务制度健全等，没有提出社会责任等条件，而在农业政府补助的相关绩效评价文件中，也没有对涉农公司进行社会责任方面的评价要求，也就是说，对获得政府补助的涉农公司，现有制度中，事前没有设定社会责任相关的申报条件，事后没有设定社会责任相关的评价要求，因此政府补助无法发挥引导涉农上市公司主动履行社会责任的作用。

表6-9　政府补助对社会责任（社会捐赠）履行的检验结果

变量	（1）DON	（2）DON	（3）DON	（4）DON
Subsidy	−0.00039232 （−0.60）			
Subsidy_1		0.00042454 （0.63）		
Subsidy1			−0.00015018 （−0.66）	
Subsidy1_1				−0.00001594 （−0.05）
Size	0.79028151*** （4.79）	0.90051744*** （5.02）	0.75062091*** （4.60）	0.72001749*** （3.74）
Growth	0.02207987 （0.09）		−0.19388064 （−0.82）	−0.43358295 （−1.21）

续表

变量	（1）	（2）	（3）	（4）
	DON	DON	DON	DON
Leverage	−1.057e+00	−1.077e+00	−0.62700142	−0.62304153
	（−1.42）	（−1.33）	（−0.84）	（−0.69）
ROE	0.00528993	−0.00092890	0.00060146	0.00484223
	（0.68）	（−0.12）	（0.09）	（0.50）
Msalary	0.00308006*	0.00317156*	0.00112024	0.00238055*
	（2.55）	（2.47）	（1.13）	（1.99）
state	控制	控制	控制	控制
Location	控制	控制	控制	控制
Industry	控制	控制	控制	控制
_cons	−5.654e+00	−8.024e+00*	−4.853e+00	−4.536e+00
	（−1.61）	（−2.10）	（−1.38）	（−1.10）
N	1013	947	347	237
R²	0.1000	0.1045	0.2240	0.2255

注：（1）表中数字为被解释变量的系数，括号中数字为检验 t 值；＊表示 $p<0.05$，＊＊ 表示 $p<0.01$，＊＊＊ 表示 $p<0.001$。

（2）表中数据保留小数为 8 位。

6.4.3　稳健性检验

为了得到更可靠的检验结论，本章研究以涉农上市公司的盈利和亏损为标准，把样本分为两组：盈利组和亏损组，分别进行了政府补助对四方面非财务绩效的回归检验，检验结果简化整理见表 6-10，完整稳健性检验表参见附录二。

从表 6-10 中可以看出，稳健性检验的回归系数与原检验的回归系数的正负号基本相同，因此，本章的研究结论具有稳健性。

表 6-10 政府补助对涉农上市公司非财务绩效的稳健性检验

被解释变量		staffsale		RDR	
分组		盈利组	亏损组	盈利组	亏损组
解释变量	Subsidy	0. 00010685	0. 00051767 *	0. 05787518	0. 12838651 **
	Subsiyd1	0. 00409985 ***	0. 00110483 ***	0. 40594410	0. 03150902
被解释变量		Taxrate		DON	
分组		盈利组	亏损组	盈利组	亏损组
解释变量	Subsidy	−0. 02210347	−0. 00257114	0. 00361514	−0. 00056730
	Subsiyd1	−0. 01046972	−0. 03049999	0. 00041661	−0. 00034955

注：（1）表中数字为被解释变量的系数，＊表示 p<0. 05，＊＊ 表示 p<0. 01，＊＊＊ 表示 p<0. 001。

（2）表中数据保留小数为 8 位。

6.5 结论与启示

本章研究以沪深两市 A 股的涉农上市公司 2007~2016 年年报数据为样本，利用平衡面板数据检验，考察了涉农上市公司获得的政府补助对促进就业、促进研发投入、促进财政收入增加和促进社会责任履行四方面的非财务绩效的影响，得出的研究结论如下：

（1）涉农上市公司与收益相关的政府补助对企业当年的就业没有显著影响，但对企业下一年的就业具有显著促进作用；与资产相关的政府补助对就业具有显著促进作用。这表明，涉农上市公司获得的政府补助显著促进了就业，各级政府对涉农上市公司进行政府补助的就业动机得以实现。

（2）涉农上市公司与收益相关的政府补助和与资产相关的政府补助，都显著促进了企业技术研究的投入，获得的政府补助越多，涉农上市公司就越积极地进行了技术研究的投入，政府补助对涉农上市公司技术研究具有"激励效应"，这一点验证了目前的相关研究。

（3）涉农上市公司与收益相关的政府补助和与资产相关的政府补助，都与企业的税收支出具有显著负向关系，反映出我国涉农上市公司的政府补助效率低下，并没有促进企业纳税支出，涉农上市公司也并没有对各级政府的财政收入增加做出贡献，也从另一侧面反映出我国涉农上市公司对政府补助产生了依赖，越补助，企业的税收绩效反而越差。

（4）涉农上市公司政府补助，对企业社会责任履行并没有显著的影响，反映出政府补助并不会产生促进涉农上市公司履行社会责任的作用，也说明，政府补助作为一种公共资源，并不会激发涉农上市公司主动履行社会责任。

综合以上研究结论，本章研究得到的启示是：我国针对涉农公司的政府补助起到了一定的非财务效果，如促进和稳定了就业、促进了农业公司技术投入，但政策实施效果也存在一定的偏差，如导致涉农公司更加依赖政府扶持，涉农公司享受了政府扶持而没有税收贡献，获得了政府利用有限的公共资源给予其的扶持而社会责任履行程度不足。

6.6　本章小结

本章采用187家涉农上市公司2007~2016年的相关数据，利用固定效应模型和随机效应模型，从促进就业、促进技术研究、促进政府财政收入增加和促进社会责任履行四个方面的非财务绩效角度检验了政府补助对涉农上市公司绩效的影响，检验结果表明，与收益相关的政府补助对企业当年就业没有影响，但对下一年的就业有正向影响，与资产相关的政府补助对企业就业有促进作用；与收益相关的政府补助和与资产相关的政府补助都对企业的研究投入具有显著促进作用；与收益相关的政府补助和与资产相关的政府补助对企业的财政收入没有促进作用，反而具有显著负面影响；与收益相关的政府补助和与资产相关的政府补助对企业社会责任履行不具有显著影响。

❼

提高涉农上市公司政府
补助绩效的建议

政府补助对于企业来说，是重要的经济利益流入，对增强企业实力具有重要作用；对于政府来说，政府补助是政府实现其产业政策和社会管理目标的手段。因此，完善政府补助绩效对企业和政府都有积极的意义，本章根据本书实证研究结论，从企业和政府两个角度提出完善我国涉农上市公司政府补助绩效的建议，这些建议对非上市涉农公司也同样适用。

7.1 从企业角度提高涉农上市公司
政府补助绩效的建议

7.1.1 涉农上市公司应建立风险意识

很多企业认为政府补助资金是"免费的午餐"，其使用是无代价的，在这种思想主导下，一些企业滥用和挪用政府补助资金，把政府补助资金投放在与企业主营业务无关的项目上，从而导致企业财务绩效低下，一些企业甚至对政府补助资金形成依赖。而事实上，政府给予的政府补助资金并不是无条件的，在申报补助资金时就需要企业具备基本的财务绩效条件，申报成功后，还要求在项目期内完成一定的绩效目标，目标完成情况影响涉农上市公司后续政府补助的申报和社会声誉，所以，涉农上市公司应树立风险意识，有效使用政府补助资金，提高企业市场竞争能力。

7.1.2 涉农上市公司应采取多种措施提高政府补助资金的使用效率

目前，政府补助资金的使用效率低下，补助绩效不明显，原因是很多企业对政府补助项目"重申报，轻完成"。为了提高政府补助资金的使用效率，涉农上市公司可以从以下三方面着手。

(1) 基于涉农上市公司的发展战略来申报政府补助项目。

在政府补助项目申报之前，涉农上市公司应对本企业战略目标进行准确定位，对拟申报项目与涉农上市公司战略符合性做出评估，根据企业发展战略、技术条件、设备和资金实力、人力资源现状来确定申报项目的类型、资金额度和预期完成目标。

(2) 加强项目预算的编制与执行。

涉农项目经费预算项目一般包括设备费等12个项目，涉农上市公司应根据项目特点和公司科研与经营特点合理编制预算支出项目，避免"撒胡椒面"，每个项目安排一点资金或所有项目资金集中于一个项目上（大多是设备费或材料费）。项目执行过程中严格按照预算项目开支，避免随意更改预算支出项目和金额，如确实需要调整，需报项目管理部门批准。

(3) 加强政府补助资金的会计核算。

严格根据政府补助会计准则的要求，根据政府补助资金的经济实质确认应是与收益相关的政府补助还是与资产相关的政府补助。对于重大专项或重大科研项目，根据《民口科技重大专项管理暂行办法》等相关规定，要特设账户管理，与本企业自有资金分户核算。

7.1.3 涉农上市公司应加强政府补助的信息披露

涉农上市公司在获取政府补助资金时应根据《上市公司信息披露管理办法》的强制要求，及时对获得的政府补助的金额、项目类型和对公司的影响进行公告。除此之外，还应主动在项目执行过程中和完成后，对项目执行进度、资金使用情况和项目目标完成情况主动进行信息披露，自愿接受社会监督。

7.2 从政府角度完善涉农上市公司
政府补助绩效的建议

我国各级政府是政府补助资金发放的主管部门，政府相关部门是提高政府补助绩效的主要责任主体，根据本书研究结论，可以从政府补助项目的事前申报、事中申报和事后评价三方面完善政府补助相关政策。

7.2.1 完善政府补助项目申报的相关政策

（1）增加与资产相关的政府补助比例。

本书的研究表明，与资产相关的政府补助无论在财务绩效还是非财务绩效方面，都优于与收益相关的政府补助，因此，各级政府在设定补助项目的类型方面，应加大与资产相关的政府补助的项目比例，如现代农业示范项目、农产品产地初加工补助项目等，逐渐减少与收益相关的政府补助项目，如财政直接拨款，避免相关涉农上市公司对政府补助资金形成依赖。

（2）提高政府补助项目申报的宣传力度。

通过各级科技部门、财政部门、农业部门等向涉农上市公司和涉农公司宣传农业政府补助的申报时间、申报条件和申报方式，使符合条件的涉农公司都可以申报，扩大项目申报的农业企业数量。

（3）完善现有项目申报条件。

目前农业补助项目的申报条件除技术条件外，对财务绩效和非财务绩效方面的条件要求较少，如国农办 2017 年 21 号文《关于做好 2018 年农业综合开发产业化发展项目申报工作的通知》中，对申报单位的资格条件要求很简单，仅是"涉农公司具有法人资格，且经营一年以上，有一定经营规模和持续经营能力"。为了减少涉农上市公司和涉农公司进行寻租的空间，应设置详细的申报条件。从财务绩效角度，设置以净资产收益率、总资产报酬率、企业规模、负债比率、成长能力为主的最低符合条件；从非财务绩效角度，设置以配套自筹科研资金能力、带动农民就业和增收能力、税收增收能力、农业技术研发投入和社会责任能力为主的最低符合条件。需要注意的是，在设置这些条件时，条件标准不能设置太高，并进行动态调整，保证涉农公司具有较高的申报积极性和较高申报企业基数，同时，剔除一部分有寻租行为的企业。

（4）增加项目评审环节中对财务绩效和非财务绩效的评审。

我国目前针对政府补助的项目评审主要采取专家评审的制度，该制度实施过程是：从专家库中抽取一定数量的技术专家和一位财务专家，评审中由一位技术专家担任组长并组织项目评审，在评审过程中，财务专家主要审核项目预算的支出及比例是否符合相关规定，评审中一般不涉及对企业财务绩效和非财务绩效的评审。

可以看出，目前的农业补助项目的评审制度存在一定缺陷，导致涉农上市公司和其他涉农公司更注重项目的技术可行性，而对项目的财务绩效和非财务绩效关注不够。因此，农业补助项目的主管部门应修订目前的项目评审标准和办法，增加对项目财务绩效和非财务绩效的评审要求，使项目不仅在技术上可行，而且在促进涉农公司财务绩效和非财务绩效方面也具有可行性。

7.2.2　加强项目执行中的监督和管理

（1）完善政府补助取得时的信息披露制度。

对于上市公司来说，我国要求上市公司在获得大额政府补助时作为重大事项进行强制信息披露，但是，有些上市公司披露信息不及时，如 2017 年初以来，中联重科、泸天化等企业，由于没有在收到政府补助时及时进行信息披露受到处罚，有些上市公司信息披露不全面或简单。因此，证券监管部门应制定专门的上市公司政府补助取得时的信息披露规则，规定披露的时间、政府补助的类型、项目的具体内容、会计核算的方式及对公司盈余信息的影响。

对于非上市公司来说，我国目前没有相关取得政府补助时的强制信息披露规定，主要是项目管理部门在政府网站上公示给予资助的企业名单，难以起到社会监督的作用。政府管理部门应抓紧制定非上市企业获得政府补助时的信息披露规则，应包括受助企业基本情况、项目基本情况、政府补助金额、项目评审专家及打分。

（2）健全项目中期检查制度。

项目管理部门应要求项目承担企业按年度报送项目执行情况总结，并采取实地调查和专家评议的方式确定项目执行情况，根据年度评议结果拨付项目资金。

（3）对于与收益相关的政府补助，采取后期补助的方式。

由于与收益相关的政府补助降低了涉农上市公司长期财务绩效，政府在对涉农上市公司进行收益性补助时，减少直接的与收益相关的政府补助，而采取事后收益化补助，如增值税返还等。通过后期补助的方式，减少涉农上市公司滥用补助资金的可能，为受助企业建立正确的预期，通过建立公平公开的事后补助制度，促使受助公司不断提高核心竞争能力。

7.2.3 完善项目结项的评价和审计

（1）建立政府补助项目绩效评价机制。

项目主管机关应根据不同项目的特点，建立以财务绩效和非财务绩效为核心的绩效评价指标体系，委托第三方机构或专家组对涉农上市公司政府补助资金的使用情况进行综合评价，评价结果作为企业下一次政府补助项目申报的依据。

（2）严格政府补助项目资金使用的审计。

涉农上市公司政府补助资金审计是提高政府补助绩效的重要手段，审计中重点关注：涉农上市公司会计核算是否恰当，尤其是对与收益相关的政府补助和与资产相关的政府补助的确认依据是否合理；政府补助的信息披露是否符合《公开发行证券的公司信息披露解释性公告第 2 号——财务报表附注中政府补助相关信息的披露》的规定；是否单独核算；是否存在把企业日常经营活动支出在项目经费中列支的现象。

7.3 本章小结

本章是在第 5 章和第 6 章研究结论的基础上的应用研究，从企业角度和政府角度提出了提高我国涉农上市公司政府补助绩效的建议。企业角度的建议主要有：涉农上市公司应建立风险意识；涉农上市公司应大力提高政府补助资金使用效率；涉农上市公司应主动加强政府补助信息披露。政府角度的建议主要有：完善政府补助项目申报的相关政策；加强政府补助项目执行中的监督和管理；完善项目结项的评价和审计。

❽

研究结论与展望

8.1　研究结论

政府补助是我国政府支持产业发展的重要方式，从宏观上来看，政府补助有效促进了我国相关产业的发展，促进了我国经济的发展。但是，近年来，政府补助支持的范围和规模呈现不断扩大趋势，从微观企业角度来看，对于政府补助政策效果的质疑不断出现。对于我国上市公司来说，政府补助从会计核算上属于非经常性损益，但在现实中已经成为一种经常性的利益流入。政府补助在上市公司中的实施效果备受争议，政府补助已经异化为上市公司盈余管理、保牌扭亏、高管薪酬辩护的工具，对政府补助加强信息披露和监管的要求越来越多。2017 年 5 月，财政部发布了新修订的《企业会计准则第 16 号—政府补助》（CAS16），进一步规范了政府补助的会计核算和信息披露。

由于农业的弱质性和在我国经济发展中的基础地位，我国对于农业相关产业长期进行了各种形式的政府补助，其中与农业相关的上市公司作为行业龙头企业，受到各级政府的关注和支持。在此背景下，本书从农业经营的全产业链视角定义涉农上市公司，研究涉农上市公司政府补助的现状。目前我国对涉农上市公司实施的政府补助对其财务绩效是否具有促进作用，政府补助对涉农上市公司非财务绩效是否有促进作用，相应的研究与结论对深化政府补助理论研究，促进我国正确评估目前政府补助政策实施效果，完善政府补助政策具有重要理论与实践意义。本书研究得出的主要结论有：

第一，从行业、区域、产权与政府补助形式四个视角分析了我国涉农上市公司政府补助的现状，发现我国涉农上市公司的政府补助具有较大差异性。

依据农业经营的全产业链视角，涉农上市公司主要包括五个行业，具体有农机、农药化肥、农林牧渔业、农副食品加工和食品制造业，共 187 家上市公司。本文研究表明，各涉农行业获得的政府补助具有显著性差异，其中，农林牧渔业上市公司获得的政府补助水平显著低于其他涉农行业。

从涉农上市公司地区分布来看，尽管东部地区涉农上市公司获得的政府补助总额较多，但东部地区涉农上市公司获得的政府补助均值显著低于中部和西部地区的涉农上市公司。总体上，政府补助在不同地区涉农上市公司之间的分布具有显著差异性。

从产权性质角度，涉农上市公司获得的政府补助不具有差异性，涉农上市公司产权属性并不影响其获得政府补助。

通过对典型的涉农上市公司案例分析，发现涉农上市公司获得的政府补助形式多样，名目繁多，并且信息披露存在较多问题。

第二，从 CAS16 政府补助分类的视角，发现不同类别政府补助对涉农上市公司财务绩效影响不同。

CAS16 根据政府补助损益确定方式的不同把政府补助分为与资产相关的政府补助和与收益相关的政府补助。

从短期财务绩效角度，本书研究认为，与资产相关的政府补助对涉农上市公司短期财务绩效影响负相关，而与收益相关的政府补助对涉农上市公司短期财务绩效影响正相关。原因是与资产相关的政府补助在会计核算上计入当期资产，在以后期间逐渐转化为涉农上市公司的收益，从而对涉农上市公司短期财务绩效的影响没有显著贡献，而与收益相关的政府补助直接计入涉农上市公司当期利润表，对涉农上市公司短期财务绩效产生直接的正向影响。

从长期财务绩效角度，本书研究认为，无论与资产相关的政府补助还是与收益相关的政府补助，对涉农上市公司长期财务绩效都是负向影响，从长期来看，政府补助降低了涉农上市公司财务绩效，这反映出我国涉农上市公司的政府补助资金使用低效率，涉农政府补助政策没有实现预期财务目标。

第三，从就业、研发投资、财政收入和社会责任四个角度定义涉农上市公司非财务绩效，发现不同类型的政府补助对涉农上市公司非财务绩效影响不同。

从就业促进角度来看，与资产相关的政府补助促进了涉农上市公司增加就业，而与收益相关的政府补助对涉农上市公司当年就业没有促进作用，但对下一年的就业具有显著促进作用。这表明，政府补助发挥了促进地区就业率增加的作用，政府补助政策"保就业"的政策目标在涉农上市公司中得以实现。

从促进研发投资角度来看，与资产相关的政府补助和与收益相关的政府补助都促进了涉农上市公司研发投资额的增加，政府补助对涉农上市公司研发投资具有"激励效应"，反映出政府研发补助政策目标在涉农上市公司中实现。

从财政收入贡献角度来看，与资产相关的政府补助和与收益相关的政府补助都与涉农上市公司的税收支出负相关，这说明政府补助没有促进政府财政收入增加，通过给予涉农上市公司政府补助来促进其对地方政府财政收入做出贡献的政策目标没有实现。

从社会责任履行角度来看，政府补助对以社会捐赠为衡量指标的社会责任履行没有显著影响，这说明，尽管获得了公共资源，但政府补助没有起到促使涉农上市公司履行社会责任的作用。

总之，政府补助对涉农上市公司长期财务绩效没有起到促进作用，仅对短期财务绩效起到了促进作用，反映出我国政府补助政策对涉农上市公司来说是一种"财务输血型"的政策，但从促进就业和研发投资这两方面的非财务绩效上发挥了正向影响作用。

8.2　研究的局限性与研究展望

政府补助研究目前越来越受到理论界的重视，现有研究较多关注政府补助动机，对政府补助绩效研究还较少，并且多局限于财务角度的经营绩效，从非财务角度的政府补助绩效研究较少，可供本书借鉴的前人研究成果和资料相对较少。另外，现有对农业上市公司的研究论文主要从核心农业（农林牧渔业）来选择研究样本，导致样本量较少，而本书从农业经营的全产业链角度，即涉农上市公司角度来选择研究样本，更符合政府补助的研究趋势，但是，目前这方面的研究论文较少，大多处于初步研究，研究主题与政府补助的关联度也不大。

基于上述研究现状，本书针对涉农上市公司政府补助绩效研究只是做了一部分工作，期望通过本书研究可以为涉农上市公司的相关研究论文提供一定的理论支持，为管理部门评估涉农上市公司政府补助政策的实施效果提供一定经验证据。随着我国经济进入转型升级阶段，农业转向高质量发展模式，各种涉农政府补助政策将不断推出，迫切要求提高政府补助资金使用效率，发挥政府补助政策的引领效果，不断完善政府补助的相关制度，在这一过程中，会产生很多亟待解决的新问题和新现象，需要在日后研究过程中不断改进和完善。

第一，本书从农业经营的全产业链角度来定义涉农上市公司，符合我国农业政府补助政策制定和覆盖的范围，但相关的研究较少，涉农概念多出现于农业经济管理研究或政府报告中，在会计领域的研究应用较少。在今后的研究中，需要寻找到更严谨的概念确定依据，确定涉农上市公司研究样本的合理性。

第二，本书从财务绩效与非财务绩效角度来确定涉农上市公司绩效，相比其他对公司绩效的研究更加全面，但是在对非财务绩效的确定上较为简单。在今后的研究中，需要利用合理的方法把四方面的非财务绩效确定为一个综合指标来反映非财务绩效，有利于更全面评价政府补助对涉农上市公司非财务指标的影响。

第三，本书对涉农上市公司政府补助绩效进行了较为全面的研究，但对涉农上市公司政府补助绩效的影响因素分析不足，随着修订后的 CAS16 的实施，上市公司政府补助信息披露将会更加完善，未来可以从公司治理、寻租、内部控制、政治联系等角度来探讨影响涉农上市公司政府补助绩效因素。

参考文献

［1］刘浩．上市公司政府补助的会计规范——对沪市一起案例的研究［J］．证券市场导报，2002（7）：38-41．

［2］汤新华．政策扶持对农业类上市公司业绩的影响［J］．福建农林大学学报（哲学社会科学版），2003（1）：33-35．

［3］王红建，李青原，邢斐．金融危机、政府补贴与盈余操纵——来自中国上市公司的经验证据［J］．管理世界，2014（7）：157-167．

［4］陈维，吴世农，黄飘飘．政治关联、政府扶持与公司业绩——基于中国上市公司的实证研究［J］．经济学家，2015（9）：48-58．

［5］杜勇，陈建英．政治关联、慈善捐赠与政府补助——来自中国亏损上市公司的经验证据［J］．财经研究，2016，42（5）：4-14．

［6］陈兴，韦倩．寻租活动、行政距离与政府补助——基于上市公司数据的实证研究［J］．山东大学学报（哲学社会科学版），2017（4）：65-72．

［7］江新峰，张敦力．企业寻租与政府补助利用效率——来自企业投资活动的经验证据［J］．投资研究，2017（3）：4-18．

［8］邵敏，包群．地方政府补贴企业行为分析：扶持强者还是保护弱者？［J］．世界经济文汇，2011（1）：56-72．

［9］郭剑花，杜兴强．政治联系、预算软约束与政府补助的配置效率——基于中国民营上市公司的经验研究［J］．金融研究，2011（2）：114-128．

［10］步丹璐，王晓艳．政府补助、软约束与薪酬差距［J］．南开管理评论，2014（2）：23-33．

［11］罗宏，黄敏，周大伟．政府补助、超额薪酬与薪酬辩护［J］．会计研究，2014（1）：42-48．

［12］罗宏，温晓，刘宝华．政绩诉求与地方政府财政补贴行为研究［J］．中国经济问题，2016（2）：16-28．

［13］联合国．2008国民账户体系［M］．北京：中国统计出版社，2012．

［14］刘慧平. 中国国民经济核算体系（2002）［M］. 北京：中国统计出版社，2003.

［15］陈共. 财政学（第2版）［M］. 北京：中国人民大学出版社，2000.

［16］李扬. 价格补贴的经济影响［J］. 经济研究，1988（11）：41-46.

［17］李国杰. 现代企业管理辞典［M］. 兰州：甘肃人民出版社，1991.

［18］CARROLL A B. A Three-Dimensional Conceptual Model of Corporate Performance［M］. Academy of Management Review，1979，4（4）：497-505.

［19］WARTICK S L，COCHRAN P L. The Evolution of the Corporate Social Performance Model［J］. Academy of Management Review，1985，10（4）：758-769.

［20］WOOD D J. Corporate Social Performance Revisited［J］. Academy of Management Review，1991，16（4）：691-718.

［21］陈宏辉，窦智. 基于层次分析法的企业社会绩效评价及其应用. 科技管理研究，2008，28（5）：106-109.

［22］马歇尔. 经济学原理［M］. 上海：商务印书馆，1964.

［23］A. C. 庇古. 福利经济学［M］. 上海：商务印书馆，2009.

［24］SPENCER B J，BRANDER J A. Strategic Trade Policy［J］. Handbook of International Economics，1995（3）：1395-1455.

［25］夏申. 论战略性贸易政策［M］. 国际贸易问题，1995（9）：13-20.

［26］BRANDER J A，SPENCER B J. Export subsidies and international market share rivalry［J］. Journal of International Economics，1985，18（1）：83-100.

［27］BALDWIN R，KRUGMAN P. Industrial Policy and International Competition in Wide-Bodied Jet Aircraft［J］. Nber Chapters，1988.

［28］ANANIA G，BOHMAN M，CARTER C A. U. S. Export Subsidies in Wheat：Strategic Trade Policy or An Expensive Beggar-My-Neighbor tactic？［J］. Colin Carter，1991.

［29］谭崇台. 发展经济学概论［M］. 武汉：武汉大学出版社，2008.

［30］吴晓园，钟俊娟. 政府补贴与企业技术创新：文献综述［M］. 科技和产业，2010，10（12）：45-48.

［31］ROMER P M. Endogenous Technological Change［J］. Journal of Political Economy，1990，98（5）：71-102.

［32］GUELLEC D. The Impact of Public R&D Expenditure on Business

R&D [J]. Economics of Innovation & New Technology, 2000, 12 (3): 225-243.

[33] D'ASPREMONT C, JACQUEMIN A. Cooperative and Noncooperative R&D in Duopoly with Spillovers [J]. American Economic Review, 1988, 78 (78): 1133-1137.

[34] GONZ LEZ X, PAZ C. Do Public Subsidies Stimulate Private R&D spending? [J]. Research Policy, 2008, 37 (3): 371-389.

[35] CZARNITZKI D, TOOLE A A. Business R&D and the Interplay of R&D Subsidies and Product Market Uncertainty [J]. Review of Industrial Organization, 2007, 31 (3): 169-181.

[36] WALLSTEN S J. The Effects of Government-Industry R&D Programs on Private R&D: The Case of the Small Business Innovation Research Program [J]. The RAND Journal of Economics, 2000, 31 (1): 82.

[37] LINK A N, SCOTT J T. Private Investor Participation and Commercialization Rates for Government-sponsored Research and Development: Would a Prediction Market Improve the Performance of the SBIR Programme? [J]. Economica, 2009, 76 (302): 264-281.

[38] AKERLOF G A. The Market for "Lemons": Quality Uncertainty and the Market Mechanism [J]. Quarterly Journal of Economics, 1970, 84 (3): 488-500.

[39] SPENCE M. Job Market Signaling [J]. Quarterly Journal of Economics, 1973, 87 (3): 355-374.

[40] ROSS S A. The Determination of Financial Structure: The Incentive-Signalling Approach [J]. The Bell Journal of Economics, 1977, 8 (1): 23.

[41] BREALEY R, LELAND H E, PYLE D H. Informational Asymmetries, Financial Structure, and Financial Intermediation [J]. The Journal of Finance, 1977, 32 (2): 371-387.

[42] BHATTACHARYA S. Imperfect Information, Dividend Policy, and "The Bird in the Hand" Fallacy [J]. Bell Journal of Economics, 1979, 10 (10): 259-270.

[43] VICKREY W. Counterspeculation, Auctions, and Competitive Sealed Tenders [J]. The Journal of Finance, 1961, 16 (1): 8-37.

[44] MIRRLEES J A. An Exploration in the Theory of Optimum Income Taxation [J]. 2006.

［45］吴增芥．西方动机理论及其评价［J］.苏州大学学报（哲学社会科学版），1986，（2）：124-128.

［46］曹向．信息透明度与政府补助有效性：基于我国上市公司的实证研究［M］.南昌：江西人民出版社，2015.

［47］王凤翔，陈柳钦．地方政府为本地竞争性企业提供财政补贴的理性思考［J］.经济研究参考，2006（33）：18-23.

［48］BO C. Industrial Subsidies in Sweden：Macro-Economic Effects and an International Comparison［J］.Journal of Industrial Economics，1982，32（32）：1-23.

［49］WREN C，WATERSON M. The Direct Employment Effects of Financial Assistance to Industry［J］.1991，43（1）：116-118.

［50］ECKAUS R S. China's Exports，Subsidies to State-owned Enterprises and the WTO［J］.Ssrn Electronic Journal，2006，17（1）：1-13.

［51］JENKINS J C，LEICHT K T，JAYNES A. Do High Technology Policies Work? High Technology Industry Employment Growth in U. S. Metropolitan Areas，1988-1998［J］.Social Forces，2006，85（1）：267-296.

［52］BERNINI C，PELLEGRINI G. How are Growth and Productivity in Private Firms Affected by Public Subsidy? Evidence from a Regional Policy［J］.Regional Science & Urban Economics，2011，41（3）：253-265.

［53］唐清泉，罗党论．政府补贴动机及其效果的实证研究——来自中国上市公司的经验证据［J］.金融研究，2007（6a）：149-163.

［54］臧志彭．政府补助、公司性质与文化产业就业——基于161家文化上市公司面板数据的分析［J］.中国人口科学，2014（5）：57-66.

［55］黄翔，黄鹏翔．政府补助企业的主要动机研究——基于我国A股上市公司面板数据的实证检验［J］.西部论坛，2017，27（3）：106-116.

［56］HAMILTON C. Public Subsidies to Industry：The Case of Sweden and its Shipbuilding Industry［M］.World Bank，1983.

［57］HARRIS R I D. The Employment Creation Effects of Factor subsidies：Some Estimates for Northern Ireland Manufacturing Industry，1955-1983［J］.Journal of Regional Science，1991，31（1）：49-64.

［58］KLETTE T J，M EN J，GRILICHES Z. Do Subsidies to Commercial R&D Reduce Market Failures? Microeconometric Evaluation Studies 1［J］.Research Policy, 1999, 29（4）: 471-495.

［59］LEVIN R C, REISS P C. Tests of a Schumpeterian Model of R&D and Market Structure ［J］. Nber Chapters, 2009.

［60］JAFFE A. Building Program Evaluation into the Design of Public Research Support Programs ［J］. Oxford Review of Economic Policy, 2000, 18（1）: 22-34.

［61］LACH S. Do R&D Subsidies Stimulate or Displace Private R&D? Evidence from Israel ［J］. The Journal of Industrial Ecvonomiu, 2002, 50（4）: 369-390.

［62］ALMUS M, CZARNITZKI D. The Effects of Public R&D Subsidies on Firms' Innovation Activities: The Cose of Eastern Gernany ［J］. Journal of Business & Economic Statistics, 2003, 21（2）: 226-236.

［63］AERTS K, CZARNITZKI D. Using Innovation Survey Data to Evaluate R&D Policy: The Case of Belgium ［J］. Social Science Electronic Publishing, 2004: 1-21.

［64］CLAUSEN T H. Do Subsidies Have Positive Impacts on R&D and Innovation Activities at the Firm Level? ［J］. Structural Change & Economic Dynamics, 2009, 20（4）: 239-253.

［65］CZARNITZKI D, FIER A. Do Innovation Subsidies Crowd Out Private Investment? Evidence from the German Service Sector ［J］. Applied Economics Quarterly, 2002, 48（2-4）.

［66］范方志, 张耿庆. 中国技术创新政府干预的理论依据 ［J］. 统计研究, 2004（11）: 60-61.

［67］刘楠, 杜跃平. 政府补贴方式选择对企业研发创新的激励效应研究 ［J］. 科技进步与对策, 2005, 22（11）: 18-19.

［68］柳剑平, 郑绪涛, 喻美辞. 税收、补贴与 R&D 溢出效应分析 ［J］. 数量经济技术经济研究, 2005, 22（12）: 81-90.

［69］姜宁, 黄万. 政府补贴对企业 R&D 投入的影响——基于我国高技术产业的实证研究 ［J］. 科学学与科学技术管理, 2010（7）: 28-33.

［70］陈道喜. 科技创新与政府政策干预的理论起点 ［J］. 安顺学院学报, 2016, 18（4）: 116-118.

［71］IRWIN D A, KLENOW P J. High-tech R&D Subsidies Estimating the

Effects of Sematech. Journal of International Economics, 1996, 40 (3-4): 323-344.

［72］HUJER R, RADI D. Evaluating the Impacts of Subsidies on Innovation Activities in Germany ［J］. Scottish Journal of Political Economy, 2005, 52 (4): 565-586.

［73］高宏伟. 政府补贴对大型国有企业研发的挤出效应研究 ［J］. 中国科技论坛, 2011 (8): 17-22.

［74］刘虹, 肖美凤, 唐清泉. R&D 补贴对企业 R&D 支出的激励与挤出效应——基于中国上市公司数据的实证分析 ［J］. 经济管理, 2012 (4): 19-28.

［75］李经路, 宋玉禄. 财税补助与研发投入: 倒 U 型关系的检验 ［J］. 会计之友, 2018 (1): 67-71.

［76］李万福, 杜静, 张怀. 创新补助究竟有没有激励企业创新自主投资——来自中国上市公司的新证据 ［J］. 金融研究, 2017 (10): 130-145.

［77］VITTAS D, CHO Y J. Credit Policies: Lessons from East Asia ［R］. Policy Research Working Paper, 2010, 6 (2): 135-164.

［78］SCHWARTZ G, CLEMENTS B. Government Subsidies ［J］. Journal of Economic Surveys, 1999, 13 (2): 119-148.

［79］AYDIN U. Promoting Industries in the Global Economy: Subsidies in OECD Countries, 1989 to 1995 ［J］. Journal of European Public Policy, 2007, 14 (1): 115-131.

［80］MIN H. Korea's Cash-for-Clunkers Program: Household-Level Evidence ［J］. Asian Economic Journal, 2015, 29 (4): 347-363.

［81］MELKONYAN T, BANKS D, WENDEL J. Industrial Policy to Develop a Multi-Firm Industry ［J］. Journal of Industry Competition & Trade, 2017, 17 (3): 1-21.

［82］赵刚, 林源园, 程建润. 美国支持以新能源为主导的新兴产业发展 ［J］. 创新科技, 2010 (2): 32.

［83］BLANCHARD O, SHLEIFER A. Federalism with and without Political Centralization: China Versus Russia ［J］. IMF Economic Review, 2001, 48 (1): 171-179.

［84］林毅夫, 李志赟. 政策性负担、道德风险与预算软约束 ［J］. 经济研究, 2004, 39 (2): 17-27.

［85］吴婷婷. 产业政策与上市公司政府补助的影响及经济后果研究

［D］. 安徽工业大学，2013.

［86］邹彩芬，张惠，李静. 政府补助的动机、实质及其影响因素研究——基于传统与新兴产业的对比分析［J］. 中国注册会计师，2014（2）：58-64.

［87］毛逸菲. 政府补贴对战略性新兴产业企业进入的影响研究［D］. 南京大学，2016.

［88］王克敏，刘静，李晓溪. 产业政策、政府支持与公司投资效率研究［J］. 管理世界，2017（3）：113-124.

［89］ROBERTS R D. Financing Public Goods［J］. Journal of Political Economy，1987，95（2）：420-437.

［90］GUTH M，MAJCHRZAK A. Resource Conditions and Subsidies for Public Goods in the EU［C］. Proceedings of the International Conference economic Science for Rural Development，2017.

［91］郑书耀. 社会认可、政府补贴与促进准公共物品私人供给［J］. 湖北经济学院学报，2009，7（3）：90-93.

［92］李海涵. 政府支持对企业环保投入的影响研究——基于资源型企业的经验证据［D］. 内蒙古大学，2015.

［93］赵书新，欧国立. 信息不对称条件下财政支持环保产业的效果与策略［J］. 郑州大学学报（哲学社会科学版），2009，42（4）：144-146.

［94］申香华. 营利性组织财政补贴的成长性倾向及其反哺效应——基于2003~2006年河南省上市公司的研究［J］. 经济经纬，2010（5）：115-119.

［95］代秋昳. 上市公司政府补助与盈余管理研究［D］. 西南财经大学，2014.

［96］曹越，邱芬，鲁昱. 地方政府政绩诉求、政府补助与公司税负［J］. 中南财经政法大学学报，2017（2）：106-106.

［97］陈晓，李静. 地方政府财政行为在提升上市公司业绩中的作用探析［J］. 会计研究，2001（12）：20-28.

［98］龚小凤. 地方政府与上市公司盈余管理——非经常性损益出台后的影响［J］. 华东经济管理，2006，20（2）：121-126.

［99］田笑丰，肖安娜. 政府补助对财务困境上市公司获利能力的影响［J］. 财会月刊，2012（35）：22-24.

［100］王蓉. 政企关系、政府补助动机及其实施效果文献综述［J］. 财会通讯，2011（9）：98-99.

［101］周勤业，周长青．非经常性损益对沪市上市公司财务业绩影响研究［J］．会计与经济研究，2005（1）：1-8.

［102］田春晓，江灏．政府补助动机与实施效果研究述评［J］．商业会计，2016（4）：11-13.

［103］景崇毅，李玉萍．政府补贴、盈余管理及高管收益相关理论综述［J］．财会通讯，2012（30）：75-77.

［104］赵宇恒，孙悦．政府补助：补助了企业还是高管［J］．现代财经（天津财经大学学报），2014，34（10）：15-25.

［105］刘俊，曹向，欧阳一漪．政府补助、公司治理与薪酬差距——基于A股上市国有企业的数据检验［J］．财经理论与实践，2016，37（5）：70-74.

［106］佟爱琴，陈蔚．产权性质、管理层权力与薪酬差距激励效应——基于政府补助的中介作用［J］．管理科学，2017，30（2）：106-118.

［107］张悦玫，高硕．政府补助、高管外部薪酬差距与企业业绩［J］．中国人力资源开发，2017（10）：129-140.

［108］步丹璐，郁智．政府补助给了谁：分布特征实证分析——基于2007~2010年中国上市公司的相关数据［J］．财政研究，2012（8）：58-63.

［109］孔东民，李天赏．政府补贴是否提升了公司绩效与社会责任？［J］．证券市场导报，2014（6）：26-31.

［110］何红渠，刘家祯．产权性质、政府补助与企业盈利能力——基于机械、设备及仪表上市企业的实证检验［J］．中南大学学报（社会科学版），2016，22（2）：76-83.

［111］步丹璐，狄灵瑜．治理环境、股权投资与政府补助［J］．金融研究，2017（10）：193-206.

［112］FISMAN R. Estimating the Value of Political Connections［J］．American Economic Review，2001，94（4）：1095-1102.

［113］FACCIO M, MASULIS R W, MCCONNELL J J. Political Connections and Corporate Bailouts［J］．The Journal of Finance，2006，61（6）：2597-2635.

［114］FRASER D R, ZHANG H, DERASHID C. Capital Structure and Political Patronage：The Case of Malaysia［J］．Journal of Banking & Finance，2006，30（4）：1291-1308.

［115］FACCIO M. Politically Connected Firms［J］．Social Science Electronic Publishing，2006，96（1）：369-386.

［116］ MIN H. Former Officials and Subsidies to State-owned Enterprises ［J］. Journal of Economic Development, 2011, 36 （2）: 1-13.

［117］ RAN D, SOSYURA D. The Politics of Government Investment ［J］. Journal of Financial Economics, 2012, 106 （1）: 24-48.

［118］ CHEN C-M, ARIFF M, HASSAN T, et al. Does a firm's Political Connection to Government Have Economic Value? ［J］. Journal of the Asia Pacific Economy, 2013, 18 （3）: 477-501.

［119］ ATTIA M B R, LASSOUED N, ATTIA A. Political Costs and Earnings management: Evidence from Tunisia ［J］. Journal of Accounting in Emerging Economies, 2016, 6 （4）: 388-407.

［120］ BERKMAN H, GALPOTHTHAGE V. Political Connections and Firm Value: An Analysis of Listed Firms in Sri Lanka ［J］. Pacific Accounting Review, 2013, 28 （1）: 92-106.

［121］ 张维迎. 企业寻求政府支持的收益、成本分析 ［J］. 新西部, 2001 （8）: 55-56.

［122］ 陈冬华. 地方政府、公司治理与补贴收入——来自我国证券市场的经验证据 ［J］. 财经研究, 2003, 29 （9）: 15-21.

［123］ 李财喜. 政治关联与财务困境公司的政府补助 ［D］. 厦门大学, 2009.

［124］ 余明桂, 回雅甫, 潘红波. 政治联系、寻租与地方政府财政补贴有效性 ［J］. 经济研究, 2010 （3）: 65-77.

［125］ 郭剑花, 杜兴强. 政治联系、预算软约束与政府补助的配置效率——基于中国民营上市公司的经验研究 ［J］. 金融研究, 2011 （2）: 114-128.

［126］ 余玉苗, 周莹莹, 潘珺. 聘请退休政府官员背景独立董事给上市公司带来好处了吗? ［J］. 经济评论, 2015 （1）: 129-139.

［127］ 胡旭阳, 吴一平. 创始人政治身份与家族企业控制权的代际锁定 ［J］. 中国工业经济, 2017 （5）: 152-171.

［128］ WU J, CHENG M L. The Impact of Managerial Political Connections and Quality on Government Subsidies ［J］. Chinese Management Studies, 2011, 5 （2）: 207-226.

［129］ LIN H, ZENG S X, MA H Y, et al. How Political Connections Affect Corporate Environmental Performance: The Mediating Role of Green Subsidies ［J］.

Human & Ecological Risk Assessment An International Journal, 2015, 21 （8）：2192-2212.

［130］TAO Q, SUN Y, ZHU Y, et al. Political Connections and Government Subsidies：Evidence from Financially Distressed Firms in China ［J］. Emerging Markets Finance & Trade, 2017, 53 （7-9）：1854-1868.

［131］QU J, CAO J, WANG X, et al. Political Connections, Government Subsidies and Technical Innovation of Wind Energy Companies in China ［J］. Sustainability, 2017, 9 （10）：1812.

［132］KORNAI J. The Soft Budget Constraint ［J］. Kyklos, 1986, 39 （1）：3-30.

［133］杨红艳. 微利上市公司政府补助特征的实证研究 ［D］. 西南财经大学, 2008.

［134］张天舒, 黄俊, 崔莺. 股权性质、市场化进程与政府补助——基于 ST 公司的经验证据 ［J］. 投资研究, 2014, 33 （1）：35-45.

［135］姚珊珊. 政府补助与企业财务困境恢复——基于 ST 上市公司"摘帽"的实证分析 ［J］. 经济研究参考, 2015 （68）：69-76.

［136］张栋, 谢志华, 王靖雯. 中国僵尸企业及其认定——基于钢铁业上市公司的探索性研究 ［J］. 中国工业经济, 2016 （11）：90-107.

［137］杜勇. 高管政治资本、政府补助与亏损公司未来价值 ［J］. 商业经济与管理, 2017 （5）：77-88.

［138］欧阳煌, 祝鹏飞, 张政. 地方政府补助与上市公司选址的关系研究 ［J］. 中国软科学, 2016 （4）：184-192.

［139］吕久琴. 政府补助影响因素的行业和企业特征 ［J］. 上海管理科学, 2010 （4）：104-110.

［140］石珊珊. 地方政府补助的影响因素及其效果的研究——来自中国民营上市公司的经验证据 ［D］. 浙江工商大学, 2014.

［141］邱世池. 我国政府补助动机的研究 ［D］. 西南财经大学, 2014.

［142］张洪辉. 财政补贴的行业特征：来自上市公司的经验证据 ［J］. 中央财经大学学报, 2014 （10）：3-9.

［143］周红, 吕久琴. 政府补助影响研发创造企业价值的效果 ［A］. 中国会计学会会计基础理论专业委员会 2012 年专题学术研讨会论文集 ［C］. 2012.

［144］孙维章, 干胜道. IT 行业中政府补助对研发与业绩的影响机制研究

[J]. 经济问题，2014（3）：83-8.

[145] 周霞. 我国上市公司的政府补助绩效评价——基于企业生命周期的视角 [J]. 当代财经，2014（2）：40-49.

[146] ZHANG H, LI L, ZHOU D, et al. Political Connections, Government Subsidies and Firm Financial Performance: Evidence from Renewable Energy Manufacturing in China [J]. Renewable Energy, 2014, 63（1）: 330-336.

[147] 刘靖宇，朱卫东，孙宜博. 政府补助对企业财务绩效影响的评价 [J]. 统计与决策，2016（10）：179-182.

[148] 王维，李昊展，乔朋华. 政府补助方式对新能源汽车企业绩效影响研究——基于企业成长性的深入分析 [J]. 科技进步与对策，2017（23）：114-120.

[149] BEASON R, WEINSTEIN D E. Growth, Economies of Scale, and Targeting in Japan（1955-1990）[J]. Review of Economics & Statistics, 1993, 78（2）: 286-295.

[150] TONGEREN F W V. Microsimulation of Corporate Response to Investment Subsidies [J]. Journal of Policy Modeling, 1998, 20（1）: 55-75.

[151] BERGSTR M F. Capital Subsidies and the Performance of Firms [J]. Small Business Economics, 2000, 14（3）: 183-193.

[152] TZELEPIS D, SKURAS D. The Effects of Regional Capital Subsidies on Firm Performance: An Empirical Study [J]. Journal of Small Business and Enterprise Development, 2004, 11（1）: 121-129.

[153] 李经龙，陈冉，徐玉梅. 政企关系、财政补贴与公司经营绩效——基于中国旅游上市公司的经验证据 [J]. 华东经济管理，2014（7）：126-130.

[154] 武咸云，陈艳，李秀兰. 战略性新兴产业研发投入、政府补助与企业价值 [J]. 科研管理，2017, 38（9）：30-34.

[155] PETERSON E W F. Billion Dollars a Day: The Economics and Politics of Agricultural Subsidies ｜ Clc [Z]. Wiley-Blackwell, 2009.

[156] HAESSEL W, VICKERY E. The Social Profitability of Subsidies for Agricultural Exports: The Case of Ghana [J]. American Journal of Agricultural Economics, 1975, 57（1）: 11-20.

[157] GONZ LEZESTRADA A, ORRANTIABUSTOS M A. Agricultural Subsidies in Mexico [J]. Agricultura Técnica En México, 2006, 32（3）: 323-331.

［158］ MCCLOUD N, KUMBHAKAR S C. Do Subsidies Drive Productivity? A cross-country analysis of Nordic dairy farms ［J］. Advances in Econometrics, 2007, 23 （8）.

［159］ TANGL A V I, BELOVECZ M, SZ LES Z, et al. The Economic Effects of the Agricultural Subsidies on the Enterprise' Operations ［A］. Agricultural Economics and Rual Sociology ［C］. 45th Croatian & 5th International Symposium on Agriculture, 2010: 328-332.

［160］ BERANOVA M, MENDELOVA UNIV, BRNO. Components of the Financial Performance of Agricultural Enterprises ［J］. Acta Universitatis Agriculture Et Silviculture Mendelianae Brunensis, 2011, 59 （7）: 57-68.

［161］ KOSKI H, PAJARINEN M. The Role of Business Subsidies in Job Creation of Start-ups, Gazelles and Incumbents ［J］. Small Business Economics, 2013, 41 （1）: 195-214.

［162］ BANGA R. Impact of Green Box Subsidies on Agricultural Productivity, Production and International Trade ［J］. Journal of Environment & Earth Science, 2016 （6）: 1-30.

［163］ POPOVIC V, GRUJIC B. Agricultural subsidies in the budget of the Republic of Serbia ［J］. Economics of Agriculture, 2015, 62 （2）: 513-525.

［164］ SALUNKHE H A, DESHMUSH B B. Impact of Subsidy on Agriculture sector in India-An Analytical Study ［J］. International Journal of Agricultural Science & Research, 2014, 4 （2）: 9-15.

［165］ POCZTA-WAJDA A. Mechanisms and Effects of Agricultural Subsidies-a theoretical depiction ［J］. Subsidies Versus Economics, Finance and Income of Farms, 2015.

［166］ VOZAROVA I K, KOTULIC R. Quantification of the Effect of Subsidies on the Production Performance of the Slovak Agriculture ［J］. Procedia Economics & Finance, 2016 （39）: 298-304.

［167］ BLOMQUIST J, NORDIN M. Do the Cap Subsidies Increase Employment in Sweden? Estimating the Effects of Government transfers Using an Exogenous Change in the CAP ［J］. Regional Science & Urban Economics, 2017 （63）: 13-24.

［168］ MAYRAND K, DIONNE S, PAQUIN M, et al. The Economic and Environmental Impacts of Agricultural Subsidies：An Assessment of the 2002 US Farm ［C］. Bill & Doha Round，2003.

［169］DLAMINI M S. The Effect of Subsidies on the Performance and Sustain Ability of Microfinance Institutions in Sub－Saharan Africa ［D］. University of Pretoria，2012.

［170］BOJNEC，LATRUFFE L. Farm Size，Agricultural Subsidies and Farm Performance in Slovenia ［J］. Land Use Policy，2013，32（3）：207-217.

［171］范黎波，马聪聪，马晓婕. 多元化、政府补贴与农业企业绩效——基于 A 股农业上市企业的实证研究 ［J］. 农业经济问题，2012（11）：83-90+112.

［172］张天亮，姬亚岚. 政府补助、研发投入与农业上市公司经营绩效——基于农业上市公司面板数据中介效应的研究 ［J］. 湖北科技学院学报，2016（5）：47-50.

［173］胡宜挺，梁丹霞. 公司治理、政府补助与企业绩效 ［J］. 财会通讯，2017（33）.

［174］沈晓明，谭再刚，伍朝晖. 补贴政策对农业上市公司的影响与调整 ［J］. 中国农村经济，2002（6）：20-23.

［175］沈晓明. 论农业产业化政策的市场性目标与公益性目标的冲突——兼析农业上市公司的竞争力减弱现象 ［J］. 农业经济问题，2002（5）：18-22.

［176］林万龙，张莉琴. 农业产业化龙头企业政府财税补贴政策效率：基于农业上市公司的案例研究 ［J］. 中国农村经济，2004（10）：33-40.

［177］邹彩芬，王雅鹏. 政府财税补贴政策对农业上市公司绩效影响实证分析 ［J］. 农业经济研究，2006，22（3）：53-59.

［178］彭熠，胡剑锋. 财税补贴优惠政策与农业上市公司经营绩效——实施方式分析与政策启示 ［J］. 四川大学学报（哲学社会科学版），2009（3）：86-94.

［179］张京京，孟全省. 农业上市公司获利能力与政府补助关系的实证分析 ［J］. 经济师，2010（9）：90.

［180］崔宝玉，刘学. 政府财税扶持、企业异质性与经营绩效——来自482 家国家级农业龙头企业的经验证据 ［J］. 经济管理，2014（10）：11-23.

［181］金玉健，陈燕，周霞. 政府补贴对农业企业绩效影响的实证研究 ［J］. 现代商业，2016（32）：184-186.

[182] 舒云. 涉农公司政府补助对企业可持续发展能力的影响研究——以 2008—2015 年沪深 A 股主板上市公司为例 [J]. 公共经济与政策研究, 2017（1）: 134-142.

[183] 唐鑫, 陈永丽. 财税补贴与企业社会责任履行——基于沪市 A 股农业上市公司的经验证据 [J]. 财会月刊, 2016（3）: 50-54.

[184] 彭慧蓉, 钟涨宝. 新中国农业补贴政策的阶段性分解与分析 [J]. 农村经济, 2011（1）: 6-10.

[185] 谭智心, 周振. 农业补贴制度的历史轨迹与农民种粮积极性的关联度 [J]. 改革, 2014（1）: 94-102.

[186] 朱应皋. 中国农业补贴制度的变迁与反思 [J]. 安徽行政学院学报, 2006（3）: 8-11.

[187] 杜辉, 张美文, 陈池波. 中国新农业补贴制度的困惑与出路: 六年实践的理性反思 [J]. 中国软科学, 2010（7）: 1-7.

[188] 王一. 企业并购 [M]. 上海: 上海财经大学出版社, 2001.

[189] 周立群, 杨国新. 现代农业的准公共物品特征及其政策意义 [J]. 经济问题, 2009（11）: 31-34.

[190] 池国华, 迟旭升. 我国上市公司经营业绩评价系统研究 [J]. 会计研究, 2003（8）: 45-47.

[191] BARBER B M, LYON J D. Detecting Abnormal Operating Performance: The Empirical Power and Specification of Test Statistics [J]. Journal of Financial Economics, 1996, 41（3）: 359-399.

[192] 章卫东. 上市公司增配长期财务绩效实证研究 [J]. 青海社会科学, 2007（4）: 1-6.

[193] 林毅夫, 刘培林. 自生能力和国企改革 [J]. 经济研究, 2001（9）: 60-70.

[194] 陈强. 计量经济学及 Stata 应用 [M]. 北京: 高等教育出版社, 2015.

[195] 张川, 杨玉龙, 高苗苗. 中国企业非财务绩效考核的实践问题和研究挑战——基于文献研究的探讨 [J]. 会计研究, 2012（12）: 55-60.

[196] 徐晓伟, 张军. 我国企业绩效非财务评价指标体系的构建 [J]. 统计与决策, 2000（10）: 8-9.

[197] 薛江谋. 实施就业优先战略, 地方政府应做什么? [J]. 人民论坛,

2017 （13）：86-87.

　　[198] 徐利飞，张心灵. 政府补助对企业绩效的影响——以獐子岛公司为例 [J]. 财会通讯，2017 （23）.

　　[199] 姜桂兴，许婧. 世界主要国家近 10 年科学与创新投入态势分析 [J]. 世界科技研究与发展，2017，39 （5）：412-418.

　　[200] 高娃. 政府补助与企业纳税之间相关关系的实证研究 [D]. 西南财经大学，2013.

　　[201] 叶堂林. 论我国农业弱质性及其弥补对策研究 [J]. 农业经济，2006 （4）：30-32.

　　[202] 周启曜，曹粤，陈子扬. "完全税收" 视角下中国农业税负分析 [J]. 中国经贸，2016 （7）：154-158.

　　[203] 杜勇，鄢波，张欢. 慈善捐赠、政府补助与扭亏绩效——基于中国亏损上市公司的经验证据 [J]. 经济科学，2015，37 （4）：81-94.

　　[204] 张伯伟，沈得芳. 政府补贴与企业员工就业——基于配对倍差法的实证分析 [J]. 经济学动态，2015 （10）：31-38.

　　[205] 厉庭炜. 我国规模以上工业企业实际税负影响因素研究 [D]. 浙江财经大学，2015.

　　[206] 刘琳秀. 财务视角下的企业慈善捐赠行为影响因素分析——基于企业冗余资源、生命周期、管理层和财税视角 [J]. 山东纺织经济，2015 （7）.

附 录

附录一 2004 年至 2018 年中央一号文件有关农业与涉农公司的政府补助政策

文件名称	有关农业农民的政府补助政策	有关涉农企业的政府补助政策
2004 年《关于促进农民增加收入若干政策的意见》	购置和更新大型农机具给予一定补贴；建立对农民的直接补贴制度。2004 年，国家从粮食风险基金中拿出部分资金，用于主产区种粮农民的直接补贴。可对参加种养业保险的农户给予一定的保费补贴	通过补贴等手段支持主产区建立和改造一批大型农产品加工、种子营销和农业科技型企业。对符合条件的龙头企业的技改贷款，给予财政贴息。龙头企业为农户提供培训、营销服务，以及研发引进新品种新技术、开展基地建设和污染治理等，可给予财政补助。外贸研发新产品新技术、开拓国际市场、参与国际认证等，扶持出口生产基地
2005 年《关于进一步加强农村工作提高农业综合生产能力若干意见》	继续加大"两减免，三补贴"等政策实施力度。开展对农民购买节水设备实行补贴的试点。对农民兴建小微型水利设施所需材料给予适当补助。扩大重大农业技术推广项目专项补贴规模。实施奶牛良种繁育项目补贴	采取财政贴息等方式，支持粮食主产区农产品加工企业进行技术引进和技术改造，建设仓储设施
2006 年《关于推进社会主义新农村建设的若干意见》	扩大畜禽良种补贴规模，对农民实行的"三减免、三补贴"和退耕还林补贴等政策，增加测土配方施肥补贴，继续实施保护性耕作示范工程和土壤有机质提升补贴试点	鼓励企业建立农业科技研发中心，国家在财税、金融和科技改造等方面给予扶持。各级财政要增加扶持农业产业化发展资金，支持龙头企业发展

151

文件名称	有关农业农民的政府补贴政策	有关涉农企业的政府补助政策
2007年《关于积极发展现代农业扎实推进社会主义新农村建设的若干意见》	用于补贴农民直接补贴的资金要达到粮食风险基金的50%以上。加大良种补贴力度，扩大补贴范围和品种。加大农机具购置补贴规模、补贴机型的奖励力度，加大对产粮大县的奖励力度，对农户投资投劳兴建农业生产设施，对农户参加农业保险给予保费补贴，对扩大对养殖小区的补贴规模，继续安排奶牛良种补贴。加快制定有利于生物质产业发展的扶持政策	引导涉农企业开展技术创新活动，企业与科研单位进行农业技术合作，向基地农户推广农业新品种新技术所发生的有关费用，掌受企业所得税和税收优惠等政策。通过贴息补助，投资参股和财政贴息等政策，支持农产品加工业发展。中央和省级财政要专门安排扶持农产品加工的补助资金，支持龙头企业引进和技术改造，完善农产品加工业增值税政策，农业综合开发资金要积极支持农业产业化发展。支持农产品出口企业在国外市场注册品牌，开展海外市场研究、营销策划、产品推介活动
2008年《关于切实加强农业基础建设进一步促进农业发展农民增收的若干意见》	继续加大对农民的直接补贴力度，增加粮食直补、良种补贴、农机具购置补贴和农资综合直补。扩大良种补贴范围。增加农机具购置补贴种类，提高补贴标准，覆盖到所有农业县。对规模养殖实行"以奖代补"，落实健全森林、草原和水土保持生态效益补偿制度	扶持龙头企业、农民专业合作组织；支持龙头企业开展技术研发、节能减排和基地建设等

续表

文件名称	有关农业农民的政府补助政策	有关涉农企业的政府补助政策
2009年《关于促进农业稳定发展农民持续增收的若干意见》	进一步增加补贴资金。增加对种粮农民直接补贴。加大良种补贴力度，提高补贴标准，实现水稻、小麦、玉米、棉花全覆盖，扩大油菜和大豆补贴范围。大规模增加农机具购置补贴，将先进适用、技术成熟、安全可靠、服务到位的农机具纳入补贴目录，补贴范围覆盖全国所有农牧业县（场）。逐步加大对专业大户、家庭农场种粮补贴力度。加强"北粮南运"，新疆棉花外运相关费运补贴和减免政策对中西部地区保费补贴力度。继续落实良种补贴种和能繁母猪补贴政策，扩大生猪调出大县奖励政策实施范围。继续落实奶牛良种补贴，优质后备奶牛饲养补贴等政策，实施奶牛生产大县财政奖励政策，着力扶持企业建设标准化奶站，增加中央和省级财政对小型农田水利工程建设补助专项资金，实行重点环节农机作业补贴试点，实施"家电下乡"补贴	增加农业产业化专项资金规模，重点支持对农户带动力强的龙头企业开展技术研发、基地建设、质量检测
2010年《关于加大统筹城乡发展力度进一步夯实农业农村发展基础的若干意见》	坚持对种粮农民实行直接补贴。增加良种补贴，扩大马铃薯补贴范围，启动青稞良种补贴，实施花生良种补贴试点。增加农机具购置补贴种类，扩大补贴种和范围。积极扩大农业保险费补费补贴力度。加大对中西部地区保费补贴力度。加大家电、汽车、摩托车等下乡实施力度；增加产粮大县奖励补助资金。对应用旱作农业技术给予补助，扩大测土配方施肥、土壤有机质提升补贴规模和范围。提高中央财政对属于集体林森林生态效益补偿标准。加大退牧还草工程实施力度，提高补偿标准	抓紧制定对偏远地区新设农村金融机构费用补贴等办法，积极应对国际贸易壁垒，支持行业协会和龙头企业维护自身权益

续表

文件名称	有关农业农民的政府补助政策	有关涉农企业的政府补助政策
2011 年《关于加快水利改革发展的决定》	对公益性小型水利工程管护经费给予补助，进行农业水价综合改革，农业灌排工程运行管理费用由财政适当补助	
2012 年《关于加快推进农业科技创新持续增强农产品供给保障能力的若干意见》	继续加大农业补贴强度，新增补贴向主产区、种养大户、农民专业合作社倾斜。提高对种粮农民的直接补贴水平。落实农资综合补贴动态调整机制，适时增加补贴。加大良种补贴力度。扩大农机具购置补贴规模和范围。增加产粮（油）大县奖励资金。加大生猪调出大县奖励力度。探索完善森林、草原、水土保持等生态补偿制度。草原生态保护补助奖励政策覆盖到国家确定的牧区半牧区县（市、旗）。加大种子储备财政补助力度。继续增加中央财政小型农田水利设施建设补助专项资金，推广高效节水灌溉新技术、新设备，扩大设备购置补贴范围和贷款贴息规模，开展沙化土地封禁保护补助试点。扩大林木良种和造林补贴规模，完善森林抚育补贴政策	落实税收减免，企业研发费用加计扣除，高新技术优惠等政策，支持企业加强技术研发和升级，鼓励企业承担国家各类科技项目，增强自主创新能力。积极培育涉农产业技术创新战略联盟，发展涉农新兴产业。建立种业发展基金，培育一批繁推一体化大型骨干企业

续表

文件名称	有关农业和农民的政府补助政策	有关涉农企业的政府补助政策
2013 年《关于加快发展现代农业进一步增强农村发展活力的若干意见》	以奖代补支持现代农业示范区建设试点，增加农业补贴资金规模，新增补贴向主产区和优势产区集中，向专业大户、家庭农场、农民合作社等新型生产经营主体倾斜。加强对种粮农民直接补贴、良种补贴等政策，扩大农机具购置补贴规模，推进农机以旧换新试点。完善农资综合补贴动态调整机制，逐步扩大种粮大户补贴试点范围。继续实施农业防灾减灾稳产增产关键技术和土壤有机质提升补助，启动低毒低残留农药和高效缓释肥料使用补助试点。完善畜牧业生产扶持政策，落实渔业补贴及税收减免政策。增加产粮（油）大县奖励资金，实施生猪调出大县奖励政策，研究制定粮食作物制种大县奖励政策。现代农业生产发展资金重点支持粮食及地方优势特色产业；加快发展国家级公益林业补贴制度	落实县域金融机构涉农贷款增量奖励，农村金融机构定向费用补贴、农户贷款税收优惠、小额担保贷款贴息等政策。完善农业保险保费补贴政策。对示范社建设鲜活农产品仓储物流设施，兴办水产品加工业给子补助。扩大农产品产地初加工项目试点范围。加大农业技术推广补助，生产服务性补助

续表

文件名称	有关农业农民的政府补助政策	有关涉农企业的政府补助政策
2014年《关于全面深化农村改革加快推进农业现代化的若干意见》	启动东北和内蒙古大豆、新疆棉花目标价格补贴试点，加大批发市场质量安全检验检测费用补助力度，继续实行种粮农民直接补贴、良种补贴、农资综合补贴等政策，新增补贴向粮食等重要农产品、新型农业经营主体、主产区倾斜。在有条件的地方开展按实际粮食播种面积或产量对生产者补贴试点，提高补贴精准性、指向性。加大农机购置补贴力度，完善补贴办法，继续推进农机报废更新补贴试点。强化农业防灾减灾稳产增产关键技术补助。继续实施畜牧良种补贴政策。加大对商品粮生产大省和粮油猪生产大县的奖励补助，继续执行公益林补偿、草原生态保护补助奖励政策，建立江河源头区、重要水生态修复治理区和蓄滞洪区生态补偿机制。支持地方开展耕地保护补偿。通过以奖代补、先建后补等方式，探索农田水利基本建设新机制。继续实施增殖放流和水产养殖生态环境修复补贴政策、完善林木良种、造林、森林抚育等林业补助政策。提高中央、省级财政对主要粮食作物保险的保费补贴比例	引导和支持科研机构与企业联合研发。有条件的地方，可对流转土地给予奖补。支持符合条件的农业企业在主板、创业板发行上市，引导暂不具备上市条件的高成长性、创新型农业企业到全国中小企业股份转让系统进行股权公开挂牌与转让

续表

文件名称	有关农业农民的政府补助政策	有关涉农企业的政府补助政策
2015年《关于加大改革创新力度加快农业现代化建设的若干意见》	继续实行草原生态保护补奖励政策，提高天然林资源保护工程补助和森林生态效益补偿标准。实施湿地生态效益补偿、湿地保护奖励试点和沙化土地封禁保护区补贴政策，逐步扩大"绿箱"支持政策实施规模和范围，调整改进"黄箱"支持政策，继续实施粮农民直接补贴、良种补贴、农机具购置补贴，农资综合补贴等政策。完善农机具购置补贴政策，向主产区和新型农业经营主体倾斜，扩大节水灌溉设备购置补贴范围。实施农业生产重大技术措施推广补助政策。实施粮油生产大县、粮食作物制种大县、生猪调出大县、牛羊养殖大县财政奖励政策。扩大现代农业、生态示范区奖补范围，省主产区利益补偿、耕地保护补偿、生态补偿制度。加大中央、省级财政对主要粮食作物保险的保费补贴力度	继续实施农产品产地初加工补助政策，加强对企业开展农业科技研发的引导扶持，支持农机、化肥、农药企业技术创新
2016年《关于落实发展新理念加快农业现代化实现全面小康目标的若干意见》	建立玉米生产者补贴制度。将种粮农民直接补贴、良种补贴、农资综合补贴合并为农业支持保护补贴，重点支持耕地地力保护和粮食产能提升。完善农机购置补贴政策，适当提高绿色生态农机具补贴标准。实施新一轮草原生态保护补助奖励政策。建立健全耕地草原生态保护补偿机制，开展跨地区跨流域生态保护补偿试点，先建后补、财政贴息，设立产业投资基金等方式扶持休闲农业与乡村旅游业发展。采取以奖代补、先建后补、财政贴息，设立产业投资基金等方式	鼓励发展农业高新技术企业。加快培育具有国际竞争力的现代种业企业。积极培育家庭农场、专业大户、农民合作社、农业产业化龙头企业等新型农业经营主体。完善农产品产地初加工补助政策。支持农业产业化龙头企业建设稳定的原料生产基地，为农户提供担保和资助订单农户参加农业保险，通过社会资本投向农村新产业新业态金等方式，带动社会资本投向农村新产业新业态

文件名称	有关农业农民的政府补助政策	有关涉农企业的政府补助政策
2017年《关于深入推进农业供给侧结构性改革加快培育农业农村发展新动能的若干意见》	继续开展粮改饲、粮改豆补贴试点，将符合条件的退耕还林还草、分别纳入中央和地方森林生态效益补偿范围。继续实施退牧还草工程。完善全面停止天然林商业性采伐补助政策。坚定推进玉米市场定价、价补分离改革。完善生产者区利益补偿制度，深入推进农业"三项补贴"制度改革、完善粮食主产区利益补偿机制，稳定产粮大县奖励政策，调整产粮大省奖励资金使用范围，盘活粮食生产风险基金。完善农机购置补贴范围，加大对粮棉油糖和饲草料生产全程机械化所需机具的补贴力度。深入实施新一轮草原生态保护补助奖励政策，健全林业补贴政策，扩大湿地生态效益补偿实施范围	支持农业企业开展跨国经营。健全秸秆多元化利用补贴机制。完善农产品产地初加工补贴政策。通过"后补助"等方式支持农业科技创新。支持符合条件的涉农企业上市融资、发行债券，兼并重组
2018年《关于实施乡村振兴战略的意见》	加快划定和建设粮食生产功能区、重要农产品生产保护区，完善支持政策。继续实施扩大"绿箱"政策的实施范围和规模，落实和完善对农民直接补贴制度，提高补贴效能，健全粮食主产区利益补偿制，探索开展稻谷、小麦、玉米三大粮食作物完全成本保险和收入保险试点，加快建立多层次农业保险体系	培育具有国际竞争力的大粮商和农业企业集团。鼓励引导工商资本参与乡村振兴，落实和完善融资贷款、配套设施建设补助、税费减免、用地等政策。实施财政担保费补贴和以奖代补等，加大对新型农业经营主体支持力度

附录二　非财务绩效稳健性检验

分组	(1)盈利组	(2)亏损组	(3)盈利组	(4)亏损组	(5)盈利组	(6)亏损组	(7)盈利组	(8)亏损组
变量	staffsale	staffsale	staffsale	staffsale	RDR	RDR	RDR	RDR
Subsidy	0.00010685 (0.32)	0.00051767* (2.48)	—	—	0.05787518 (0.31)	0.12838651** (2.75)	—	—
Subsidy1	—	—	0.00409985*** (6.50)	0.00110483*** (13.98)	—	—	0.40594410 (1.67)	0.03150902 (1.43)
Size	−0.01067332 (−1.72)	−0.00059332 (−0.65)	−0.00738998* (−2.13)	−0.00196280 (−1.96)	−2.844e+00 (−1.42)	0.14182790 (1.01)	−1.966e+00 (−1.06)	0.15928329 (1.06)
Growth	−0.00374043 (−1.28)	−0.00107975 (−1.75)	−0.00040840 (−0.24)	−0.00036958 (−0.58)	−0.26848567 (−0.44)	−0.28850884* (−2.38)	0.21862980 (0.35)	−0.32581388** (−2.62)
Leverage	−0.01489964 (−0.94)	0.00028576 (0.10)	−0.01236616 (−1.47)	0.00754984* (2.40)	−7.028e+00* (−2.26)	−1.303e+00** (−2.64)	−7.264e+00* (−2.58)	−0.98116473 (−1.84)
WageR	−0.00000065* (−2.27)	−0.00000017*** (−3.45)	−0.00000026 (−1.48)	−0.000000012* (−2.34)	—	—	—	—
ROE	—	—	—	—	−0.00532771 (−0.44)	−0.00758194 (−0.94)	−0.00859011 (−0.78)	−0.00286740 (−0.34)
_cons	0.27063991 (1.92)	0.02884197 (1.45)	0.17795010* (2.25)	0.05260369* (2.39)	6.852e+01 (1.54)	−0.58592121 (−0.19)	4.787e+01 (1.15)	−1.069e+00 (−0.32)
N	75	441	75	412	55	362	54	344
R^2	0.38008238	0.09446329	0.80008886	0.51208929	0.38264939	0.14384316	0.49516228	0.09531118

续表

分组	(1) 盈利组	(2) 亏损组	(3) 盈利组	(4) 亏损组	(5) 盈利组	(6) 亏损组	(7) 盈利组	(8) 亏损组
变量	Taxrate	Taxrate	Taxrate	Taxrate	DON	DON	DON	DON
Subsidy	-0.02210347 (-0.75)	-0.00257114 (-0.08)	—	—	0.00361514 (1.72)	-0.00056730 (-0.60)	—	—
Subsidy1	—	—	-0.01046972 (-0.09)	-0.03049999 (-0.94)	—	—	0.00041661 (0.03)	-0.00034955 (-0.51)
Size	-0.03419698 (-0.13)	-0.23621930** (-2.70)	-2.447e+00*** (-3.13)	-1.091e+00*** (-5.00)	6.51106261** (3.27)	1.00507579*** (3.46)	4.55991698 (0.56)	1.29330295** (3.34)
Growth	-0.38685439 (-1.77)	-0.30473705** (-2.68)	0.08826944 (0.37)	-0.35885549 (-1.70)	0.23193901 (0.14)	0.10422722 (0.37)	-3.352e+00 (-1.39)	-0.17731508 (-0.55)
Leverage	-0.54610567 (-0.80)	-1.150e+00** (-2.79)	-5.851e+00** (-3.74)	-1.808e+00* (-2.12)	-5.867e+00 (-1.26)	0.75922335 (0.64)	2.37209002 (0.17)	-1.675e+00 (-1.14)
ROE	-0.00064563 (-0.17)	0.08757667*** (15.99)	-0.00502093 (-1.13)	0.05734771*** (4.97)	-0.03105204 (-1.19)	0.03506318* (2.12)	-0.01716551 (-0.33)	0.01716378 (0.99)
cpint	0.00709584 (0.71)	0.02159292*** (4.07)	-0.00167098 (-0.11)	0.01697210 (1.39)	—	—	—	—
invint	0.00160879 (0.13)	0.01869596* (2.17)	0.10655036** (3.67)	0.00712817 (0.36)	—	—	—	—
gov	-0.00771830 (-0.74)	-0.04996262*** (-3.49)	0.02223828 (0.82)	-0.05922002* (-2.08)	—	—	—	—

续表

分组	(1) 盈利组	(2) 亏损组	(3) 盈利组	(4) 亏损组	(5) 盈利组	(6) 亏损组	(7) 盈利组	(8) 亏损组
变量	Taxrate	Taxrate	Taxrate	Taxrate	DON	DON	DON	DON
Msalary	—	—	—	—	-0.00999343 (-0.49)	0.00244831 (1.36)	-0.00996064 (-0.23)	-0.00148112 (-0.95)
_cons	2.61362157 (0.44)	7.44430874^{***} (3.74)	$5.695e+01^{**}$ (3.20)	$2.766e+01^{***}$ (5.53)	$-1.268e+02^{**}$ (-3.01)	$-1.133e+01$ (-1.83)	$-8.866e+01$ (-0.50)	$-1.516e+01$ (-1.77)
N	187	1340	76	491	128	885	45	302
R^2	0.05599588	0.30864176	0.66564104	0.24710800	0.19127274	0.03849612	0.37445551	0.08856974

注：t statistics in parentheses；* $p<0.05$，** $p<0.01$，*** $p<0.001$。

后 记

本书是我在内蒙古农业大学经济管理学院博士学位论文的基础上修改完成。

首先，要感谢我的导师张心灵教授。老师具有深厚的学术功底和崇高的人格魅力，本书从选题到最终定稿，都是在老师字斟句酌的悉心指导下完成，可以说，本书倾注了老师的心血。在研究各个阶段，老师的启发使我茅塞顿开，使研究能够不断推进，老师的批评和鼓励，使我能够发现自己研究的不足，也激励我继续研究的信心。同时，也要感谢老师的爱人刘俊平教授对我的鼓励，刘老师为人朴实，学识渊博，是我学习的榜样。

在内蒙古农业大学经济管理学院求学的六年中，学院的老师们给了我大量的鼓励和帮助，使我能完成自己的研究。同时感谢中国人民大学唐忠教授和河套学院李兴旺教授在论文答辩过程中提出的宝贵修改意见。

在博士毕业之后的一年内，我感觉到博士论文中还存在遗憾，针对外审专家和答辩专家提出的意见，在原有论文的基础上，重新梳理了整体研究思路，完善了理论分析和假设推理的逻辑关系，并对论文中的相关分析进行了更严谨的论证，使本书的逻辑框架和文字表述更为合理。

其次，感谢内蒙古社科规划项目和内蒙古财经大学学术专著出版基金的资助。为了按照协议规定保质保量地完成书稿，我多次对书稿进行了文字校对工作，在此过程中，出版社编辑老师给予我莫大的帮助，本书的成稿离不开他们的付出。

再次，感恩我年迈父母，他们对我的爱和付出是我一生最宝贵的财富。感谢我的哥哥和姐姐，他们对父母的照顾使我能全身心投入论文的写作。感谢我的妻子和可爱的儿子，他们是我坚持下去的动力。

最后，由于杂事繁多，时间投入还略显不足，加之学识尚浅，书中难免有不足之处，望有识之士不吝赐教。

徐利飞